近現代中華文化思想叢刊

權勢轉移：近代中國
的思想與社會（修訂版）

下冊

羅志田　著

目次

過渡時代讀書人的困惑與責任[*]

　　身處過渡時代的近代中國讀書人，由於社會定位和自定位都出現
了變化，一面對新的時世感到困惑，又覺得不能放棄自己的責任，始
終在兩難的窘境下徘徊、調適、并繼續努力。本文要討論的，就是
「過渡時代」和「讀書人」這兩個既相關聯又可以獨立的大問題。

　　人人都知道中國近代發生了翻天覆地的巨大變化，當時人就稱為
「數千年未有的大變局」。但這究竟是一個什麼樣的巨變，過去的人
也有不同的形容。既可以說是「轉化」（transformation），也可以說是
「革命」（revolution）。兩詞本有許多相通之處，前些年袞卡克
（J.G.A. Pocock）在試圖描述二十世紀七〇至八〇年代西方政治思想
領域的學術激變時，即因「革命」這一術語被持續濫用而變得意義空
洞，而寧取「轉化」一詞。而費正清在陳述近代中國革命時，也曾對
究竟使用「轉化」還是「革命」甚感躊躇。最後他選擇了「革命」，因
為除在基督教語境中的特殊涵義外，「轉化」一詞難以表現近代中國那
充滿激情活力的一面。¹ 梁啟超所用的「過渡時代」，兩皆兼顧，更具

---

* 　這是二〇〇八年十二月十三日擔任新加坡二〇〇九年度吳德耀文化講座（The WTY
　 Annual Lectureship in 2009）主講人的演講辭，開場白中關於吳德耀先生個人的部分
　 已刪略。

1 　J.G.A. Pocock, "Languages and Their Implications: The Transformation of the Study of
　 Political Thought," in, idem, *Politics, Language and Time, Essays on Political Thought
　 and History*, Chicago: University of Chicago Press, 1989, pp. 3-4; John K. Fairbank, *The
　 Great Chinese Revolution, 1800-1985*, New York: Harper & Row, 1987, pp. 41-42.

開放性和包容性，似更適於描述近代中國那種革命性的轉化。[2]

在近代的各種變化中，與人本身關聯密切的一個基本變化，就是士農工商四民社會的解體。而四民中身份地位變化最大的，可能是原居四民之首、作為其他三民楷模的讀書人。以前讀書人在思想上和社會上都處於中心，故其對近代的「過渡」感受最強烈。他們的實際社會變動及其心路歷程，處處折射出近代中國的巨大轉變。反過來，要理解當時讀書人的困惑，還是要先整體考察中國近代的轉變。

一　過渡時代說略

把近代中國稱作「過渡時代」，曾是梁啟超十分愛說的話。中國的近代確是一個「過渡時代」，其過渡狀態恐怕到現在仍在延續之中。而且那是全方位的「過渡」，從政治到社會，生活到心態，思想到學術，無不見證著並反映出某種半新半舊、亦新亦舊的狀態，多元多歧，而又互滲互動。用梁啟超的話說，「過渡相」的特點，就是「互起互伏，波波相續」。後現代學人所樂道的「混成」（hybridization），在近代中國表現得特別充分。[3]

當梁啟超討論「過渡時代」的時候，他和許多時人一樣，不過是預感到大變之將至。他所謂的「過渡時代」，是相對於中國數千年來的所謂「停頓時代」，同時又是一個目的性明確的表述，意味著以歐洲各國近二百年為範本的主動變革。梁啟超當時預測了很多應發生而

2　清末民初之際，至少到新文化運動之前，影響最大的中國人或非梁啟超莫屬。他的很多見解，不論「正確」與否，現在都還有著生命力。說詳羅志田：《天下與世界：清末士人關於人類社會認知的轉型》，《中國社會科學》2007年5期。

3　本段與下段，梁啟超：《過渡時代論》（1901年），《飲冰室合集‧文集之六》，北京：中華書局，1989年影印本，27-30頁。

尚未發生的「過渡」，包括政治上的「新政體」、學問上的「新學界」和社會理想風俗上的「新道德」，已是全盤的轉化。那時梁氏並不想要鼓動更換政權的「革命」，但以今日的後見之明看，後來的發展卻被他不幸而言中。近代的「過渡」，其實就是以共和取代帝制為象徵的全方位巨變。[4]

我之所以把共和取代帝制視為「象徵」，是強調這一全方位的巨變是個發展的進程。發生在辛亥年的那次「革命」及其帶來的政權鼎革，不過是一個象徵性的轉捩點；其相關的轉變此前已發生，此後仍在延續。直到今天，中國人似乎仍然生活在一個充滿顛覆和根本性變革的時代——商品經濟的正面和負面力量還正在顯示之中，而「社會主義市場經濟」完全稱得上是「三千年未有的大變局」。正如梁啟超當年特別強調的，這是一個希望與危險並存的時段。

當年嚴復就把廢科舉視為「吾國數千年中莫大之舉動」，認為其重要性與秦漢的書同文、車同軌以及廢封建等影響深遠的轉變相等。[5]在具體層面，廢科舉和辛亥政權鼎革當然都可以作為一個獨立「事件」，置於其發生的當年分別考察。若從較長時段看，兩者皆可看作共和取代帝制這一巨變的組成部分；甚至可以說，前者在無意之中成為後者的鋪墊。與廢科舉密切關聯的，就是一些趨新士人推動的「去

4　史華茲、張灝、林毓生等先生已論及近代中國「普遍王權」（universal kingship）崩潰引發的全盤危機及其在清末民初的表現，參見Benjamin I. Schwartz, "The Chinese Perception of World Order, Past and Present," in John K. Fairbank, ed., *The Chinese World Order: Traditional China's Foreign Relations*, Cambridge, Mass.: Harvard University Press, 1968, pp. 276-88; Hao Chang, *Chinese Intellectuals in Crisis: Search for Order and Meaning, 1890-1911*, Berkeley & Los Angeles: University of California Press, 1987; Lin Yu-sheng, *The Crisis of Chinese Consciousness: Radical Anti-traditionalism in the May Fourth Era*, Madison: University of Wisconsin Press, 1979.

5　嚴復：《論教育與國家之關係》（1906年），《嚴復集》，王栻主編，北京：中華書局，1986年，第1冊，166頁。

經典化」努力。社會上四民之首的士不復能產生，思想上規範人倫的經典開始失範，演化成一個失去重心的時代，[6] 既存政治秩序的顛覆，也的確可以計日而待了。

在費正清看來，近代中國革命與歐洲革命的區別，正在於其廣泛徹底。蓋歐洲革命是源於本文化的，大致是一種傳統之內的革命，這些革命雖也連帶產生經濟和社會體系的轉變，其涵義仍主要體現在政治層面。而中國「不僅經歷了政治、經濟和社會的革命」，其整個文化也發生了根本的「轉化」。[7] 這一巨變顯然受到外來的影響，近代帝國主義侵略的全面性，最後達到芮瑪麗（Mary Wright）所謂外國無所不在（the foreign omnipresence in China）的程度。[8]

另一方面，中國的對外態度，也可見一個由被動向主動的發展進程。近代朝野逐漸承認並接受一個超出以所謂「朝貢體系」為基本框架的「天下」範圍的「世界」，最後更努力要融入這個「世界」（意味著要反過來被外在秩序所承認和接受，為此而不惜對既存的內在體制進行大幅度的、包括一些根本性的修改），並以此為國家民族追求的方向。

國家目標的外傾，是個根本性的轉變，充分概括出「近代」與「古代」的一個重大區別。其結果，不僅是中國在「世界」中的地位與原居「天下」之中心大不相同，根本是「中國」本身的內外蘊涵皆與此前有了巨大差別，產生出一個名副其實的「新中國」（中國之「中」原與其字面意義相關，現基本成為一個指稱符號）；用清末民

6　參見羅志田：《失去重心的近代中國：清末民初思想權勢與社會權勢的轉移及其互動關係》，《清華漢學研究》第2輯（1997年11月）。

7　Fairbank, *The Great Chinese Revolution, 1800-1985*, pp. 41-42.

8　Mary Wright, "introduction," in idem ed., *China in Revolution: The First Phase, 1900-1913*, New Haven and London: Yale University Press, 1968, pp. 54-58.

初人的話說，即所謂的「少年中國」（Young China）。在當年和以後，這一「新中國」都被時人和後之研究者用來與所謂「老大中國」（Old China）進行對比。

在某種程度上，或可以用「走向世界的新中國」來表述近代中國的一個主流趨向。此後中國與外部世界的關聯呈現出日漸密切的趨勢，很多內部的變化也體現在這一中外接觸的發展進程之中。不過，中國人嘗試「走向世界」，既有從被動轉向主動的一面，也是一個充滿屈辱和挫折感的進程。

由於近代多次中外交鋒皆以中國失利告終，焦慮感和急迫感成為幾代讀書人持續的心態特徵，逐漸形成「畢其功於一役」的觀念，大家都想一次性地解決所有問題（最好還凌駕於歐美日本之上）。此意孫中山最樂道之，但類似觀念卻不僅見於孫氏這樣的革命者。早在戊戌維新期間，張之洞論及動員地方資源辦理學堂時就說，只要照他所說的做，「則萬學可一朝而起」。[9] 那種希望一舉解決全部問題的心態，已經非常鮮明地體現出來了。

按梁啟超對歷史「革命性」的描述，即「革命前、革命中、革命後之史蹟，皆最難律以常軌。結果與預定的計劃相反者，往往而有」。[10] 中國的近代，就是這樣一個特殊的時代。許多洋溢著激情活力的面相，往往不能以常理度之，帶有明顯的「革命性」。一個與常理相悖的典型例子，即在精神物質兩層面皆已確立菁英地位的既得利益階層——通常最樂於維持現狀而最不傾向變革的群體——之中，仍有不少人長期嚮往和憧憬著一個可以帶來根本變化的革命，並不斷宣導和鼓勵著各式各樣的革命。

9　張之洞：《勸學篇》（1898年），《張文襄公全集》，北京：中國書店，1990年影印本，第4冊，570頁。

10　梁啟超：《中國歷史研究法》，《飲冰室合集·專集之七十三》，117頁。

　　希望一舉解決全部問題的心態，也是過渡時代「革命性」的一種體現。章太炎就曾以這樣的心態寄希望於「革命」。他說：「今日之民智，不必恃他事以開之，而但恃革命以開之。……公理之未明，即以革命明之；舊俗之俱在，即以革命去之。革命非天雄大黃之猛劑，而實補瀉兼備之良藥矣。」[11] 類似以「革命」為「補瀉兼備之良藥」來解決一切問題的方式為很多人所採納。近代中國讀書人對革命的青睞和憧憬，其程度遠超過我們的認知。[12]

　　通常革命要有對象（即使是想像的），例如既存政權、既存正統觀念，等等。而如蔣夢麟後來所說，二十世紀青年革命的對象，「包括教育上的、政治上的、道德上的、以及知識上的各種傳統觀念和制度」，亦即「過去遺留下來的一切」。[13] 如果革命的對象是既存「一切」，則意味著一種全方位的徹底顛覆。這樣的革命，其正當性幾乎是與生俱來，無需證明，或不證自明。在此氛圍之中，每一個人應當革命或需要革命，也可以被視為自然的狀態。

　　章太炎在清末明言，二十世紀民族主義熾盛，對於非我族類的清廷，只能革命。其「不能變法當革，能變法亦當革；不能救民當革，能救民亦當革」。羅家倫在民初說得同樣簡截：「現在的革命不是以前的革命了！……現在的革命不是由於君主好不好，政治清不清，憲法有沒有，議院開不開；乃是由於廿世紀的世界根本不能有君主的偶像存在上面！」[14]

---

11 章太炎：《駁康有為論革命書》（1903年5月），《章太炎政論選集》，湯志鈞編，北京：中華書局，1977年，上冊，203-204頁。

12 一些初步的探討，可參見羅志田：《士變：二十世紀上半葉中國讀書人的革命情懷》，《新史學》18卷4期（2007年12月）。

13 蔣夢麟：《西潮》，臺北：中華日報社，1960年再版，188頁。

14 章太炎：《獄中答〈新聞報〉》（1903年），《章太炎政論選集》，上冊，233頁；羅家倫：《今日之世界新潮》（1918年11月20日），《新潮》1卷1號（1919年1月），上海書店1986年影印本，19頁。

作為時間的「二十世紀」，成為「革命」的理由，隱喻著空間上中國革命那「輸入」的一面，此不贅。重要的是兩代人都非常明顯地表現出一種革命自有其理由的意態。就在五四運動的當年，連朱希祖這樣很少被人視為激進的老師輩學者，也對青年建議說：「與其零零碎碎革命，不如從根本上革命；與其革他人的命，不如對於自己先革命。」[15] 近代中國革命的開放性在此展現無遺，它既可能成為一個什麼都不是的空洞概念，[16] 也時常展現出梁啟超所說的那種逾越常理的激情活力。

從時空角度看，在近代中國這一界域之中，產生了很多此前和此外很少見到的現象。前述既得利益讀書人的嚮往革命，即是一例。另一個典型的例子，即「家庭」這一多數人類社會歷來最看重的「溫暖港灣」，在近代中國卻成為一個阻礙國家民族發展的負面象徵——「家庭」忽然失去了其在過去和外國都曾具有的廣泛社會功能，特別是對其成員的護祐；卻承載著大量新增的宏闊政治負擔，被視為其成員救國興邦的桎梏。

類似的特異之處還不少，具有不可抗拒的魅力，吸引了眾多中外史家的目光，也使多少史家困惑。不過，歷史研究者與歷史當事人的一個重要差別，就是可以借助所謂後見之明。充分認識到近代的「過渡」意味著千年以上的巨變，可以幫助我們理解近代讀書人那種因焦慮引起的緊迫感。

魯迅曾回憶說，民元之時，他也「覺得中國將來很有希望」。但到民國二年之後，即發現事情「即漸漸壞下去」。傅斯年也形象地描述了「民國元二年間像唐花一般的『怒發』，和民國三四年間像冰雹

---

15 朱希祖：《敬告新的青年》（1919年12月），《朱希祖文存》，周文玖選編，上海：上海古籍出版社，2006年，18頁。

16 這一點承哈佛大學Henrietta Harrison教授提示。亦可參見前引袁卡克的見解。

一般的摧殘」。[17] 可知民國代清不過一兩年，就曾引起士人非常強烈的失望。且並非只有趨新者才失望，對於帝制的重新思考甚或「復辟」的嘗試，恰在此時發生，提示出一種因對共和失望而回向傳統尋求思想資源的傾向。

我們可以試想，明明是數千年的大變，卻要求在數年間「快出成效」，是不是有些太急於求成？假如民初的讀書人能夠認識到共和政體取代帝制這樣的新舊轉換是幾千年才出現的巨變，他們在「嘗試共和」之時，可能就沒有那樣急切，其失望感或許也沒有那麼強烈。

關於近代中國的「過渡」特性，本不是什麼新見，類似說法已被時人和後人多次表述過了。我想要強調的是：這是一個以千年計的巨變，而且是個仍處於「發展中」的持續進程。換言之，應當把近百餘年（甚至未來的若干年）作為一個整體，盡可能以千年巨變的整體觀念來認識這一時段中所發生的具體史事。

與梁啟超那種目的論明確的「過渡」定義不同，竊以為這毋寧是一個目的未必明晰，越來越體現著當事人的主動，卻又常常難以人為掌控的較長發展進程。時人對其的認識曾經歷了一個逐步深化的過程，後人對此的理解仍會是一個日積月累、步步深入的長程。

二　讀書與讀書人的界說

我所說的「讀書人」，略同於今日一般史學論著中所說的「知識分子」。我之所以不用「知識分子」，一是因為這在近代中國是一個後出的外來詞，在本文討論的時段裡，至少前一段時間，這個詞彙本身

---

17 魯迅：《致許廣平》（1925年3月31日），《魯迅全集》（11），北京：人民文學出版社，1981年，31頁；傅斯年：《白話文學與心理的改革》，《新潮》，1卷5號（1919年5月），918頁。

尚未出現，那些被稱為「知識分子」的人自己並無這樣的身份認同，有些可能也不一定願意接受這個認同。二是中文世界裡過去和現在都有不少人是從字面意義理解和使用外來詞的，在用於指稱中國讀書人方面，把 intellectuals（或其他西文裡相應的詞）譯作「知識分子」，可能有些誤導。原因是：

在中國傳統之中，「讀書」是一種具有特定涵義的行為方式。孟子曾說：一般人是無恆產即無恒心，只有士才可以「無恆產而有恒心」（《孟子・梁惠王上》）。在孟子所處的時代，「士」已基本就是讀書人。孟子顯然注意到經濟對人的支配性影響，卻指出了「讀書」這一方式可能提高人的自主能力，至少改變人對經濟的依賴性。這樣，管子所說的衣食足而知榮辱，只是一般層次的現象；經過「讀書」的昇華，人就可以超越這一層次，達到更高的境界。因此，「讀書」不僅是一種直觀的行為，即閱讀書籍或技術、技能性的學習；它更強調一種不那麼功利、目的不那麼具體的超技能的持續學習，體現出一種追求和探尋「無用之用」的努力。

簡言之，「讀書」可以改變人，它本身也以人的改變為目標。如錢穆先生所說：

中國社會之所謂士，確然有其在社會上特殊地位，在文化傳統上有特殊意義與特殊價值，則其事實始於孔子。孔子曰：「士志於道。」孟子曰「士尚志」，即尚其所志之道。其道始則修於身，繼則齊其家。推而廣之，擴而大之，則有家族，有家鄉。更推而廣之，更擴而大之，則有治國之道。又更推擴，超國家而上，則有平天下之道。[18]

可以說，士所志之「道」，更多是原則性的而非技能性的；士人

---

18 錢穆：《國史新論》，北京：生活・讀書・新知三聯書店，2001年，182頁。

的「讀書」超越了技術或技能性的學習，部分可能是無意之中形成的，卻也越來越成為有意為之的目標，體現出「君子不器」的基本精神。所以為官者需要聘請各種具有專門技能的幕僚或師爺，自己卻不一定必非學會這些技能不可。

我們知道決訟斷獄可能是古代地方官最直接也最繁重的職責，但在選拔官員的科舉考試中卻沒有這方面的要求。清道光十五年，御史易鏡清奏請第三場策問加試律例，禮部卻以為：「國家設科取士，責以報稱者甚多，不獨在理刑一端。若於進身之始，先責以名法之學，無論剿說雷同，無裨實用；即真心講貫者，亦必荒其本業，旁及專家。」[19]

其實易鏡清不過要求第三場的五道策問中「以四道論古」，僅「請酌以一道，專取現行律例發問。俾士子講習有素，起而行之，胸有把握，自不為人所欺」。但禮部認為這一小小的改變也有重大的影響，會造成「以法律為《詩》《書》」的嚴重後果，給「揣摩求合之士」以「因緣為奸」的可能，導致士習不端，所以不能採納。此處禮部關於「本業」和「專家」的區分，及其與「士習」的關聯，最能體現當年培養士人的取向。

後來文廷式重提此事，認為「禮律所以端學術，名律所以重人倫，凡此皆士林所宜肄業者」。禮部「以國律之重，而專指為理刑，且視為名法之學；其所謂本業者，殆專就八股文試帖詩而言。當時禮臣措詞如此，可謂荒陋之甚」，是「不揣本而齊末」。[20] 這樣的見解，顯然是經典淡出之後的新知。章太炎後來所謂「律者，在官之人所當

---

19 本段與下段，《清實錄‧宣宗實錄（五）》，北京：中華書局，1986年影印本，第37冊，216頁。更詳細的奏章和禮部議覆，見禮部自修的欽定《科場條例》，英匯修，咸豐刻本，卷十三，頁12B-13A。不過，「以法律為詩書」一句，反不見於詳本。

20 文廷式：《純常子枝語》，卷三十五，上海：商務印書館，1943年影印，頁16A-16B。

共知，不必以之教士」，應代表了早年很多人的看法。據他的揣測，先秦律法不少，「當時必著簡冊，然孔子不編入六經」，就是因為刑律「不可為典要」。[21]

關於「讀書」是一種具有特定涵義的行為方式這個大問題，我會另文專論，這裡也只能點到為止。有一點很明確，以前讀書人所「讀」之「書」，與後來日益專業化的「知識」，實較少關聯。換言之，「知識」——尤其專業化的知識——不是他們學習的主要目標。進入民國後的教育體制，的確是在傳授和學習專業化的「知識」，培養出來的真是所謂「知識人」，所以我也並不刻意排除用「知識」來界定這一群體（如對出於新教育體制的學生群體，我便一向沿用「知識青年」的稱謂）。

「知識」本身是一個涵蓋廣泛的詞彙，其與專業化的密切關聯，不過是晚近的事。從長程的歷史眼光看，把中國讀書人視為知識人，應不致引起誤會。但在近代這一過渡時代，一方面傳統的讀書行為雖有斷裂，仍在延續；同時「知識」確實呈現出日益專業化的趨向，當此之時，對那些習慣於從字面理解詞義的讀者，用「知識」來界定這一群體，就可能產生某種程度的誤導。或者還是「讀書人」的稱謂，既更能傳達其原初的涵義，也可兼顧其處於改變中的涵義。

正是在過渡時代的「混成」語境下，讀書人的自我定位和社會定位都出現了變化。與此關聯最密切也最直接的體制變化，就是廢科舉和去經典。四民社會解體的結果是士人原本具有的楷模地位動搖，經典淡出更造成了「讀書」觀念的轉變，曾經追求「無用之用」的讀書人，後來長期受到「不事生產」、「一樣不會」等指責（詳後）。關於科舉制的廢除，已經有較多的論述。而傳統經典從人們的生活中淡

---

21 章太炎：《國學講演錄・經學略說》，上海：華東師範大學出版社，1995年，47頁。

出，則是近代一個非常重要而迄今研究不足的重大變化，需要略作陳述。

三　近代經典的淡出

近代西潮的衝擊，當年就曾被一些讀書人視為「學戰」。[22] 不僅有時人所謂「毀學」、「滅學」的直接打壓，「西學」本身的確立也使傳統的「道」被空間化。王國維曾簡明指出：「自三代至於近世，道出於一而已。泰西通商以後，西學西政之書輸入中國，於是修身齊家治國平天下之道乃出於二。」[23] 這是一個根本性的轉變，「道」本應是普適於天下即全人類的，既然西方自有其「道」，則中國的「道」也就成為中西學區分下的一個區域成分了。[24] 這樣空間化的結果，是「道」的一大退步或退讓，最能表明時代的轉換。這是王國維晚年的表述，那時他已明確站在中學一邊，卻也逃不出中西對峙的立場，甚至並未意識到自己其實已遠離過去讀書人的立場了。

近代的「經典淡出」，大體可區分為無意識的推動和有意識的努力。前者可以張之洞在清季提倡的「以簡化方式保存傳統」這一取向為代表；後者則大體表現為兩個階段：一是從清季已開始的使經典「去神聖化」，二是民初特別明顯的整體「去經典化」。從大環境看，近代日趨激烈的中西文化競爭也有力地支持了趨新讀書人「去經典化」的努力。此事牽涉甚寬，我會專文討論，這裡不能詳細講，僅大

22　參見本書《新的崇拜：西潮衝擊下近代中國思想權勢的轉移》。

23　王國維：《論政學疏稿》（1924年），《王國維全集》，杭州：浙江教育出版社、廣州：廣東教育出版社，2009年，第14卷，212頁。

24　當然，「天下」本有今日所謂「中國」與「世界」兩義（說詳羅志田：《天下與世界：清末士人關於人類社會認知的轉變》，《中國社會科學》2007年5期）。王國維這樣的區分，從一個側面體現出在他心目中「天下」確實等同於「中國」。

體勾勒一個簡略的線條。

先說無意識的推動。經和經學可以說是中國文化傳統的核心，張之洞的目標當然是要維護傳統，但其提出的主張又隱伏著對此核心的致命威脅。他曾引用《老子》中的「損之又損」來概括這一取向，主張僅讀《近思錄》等四本綜合性的參考書，便已可基本掌握「中學」，而將其餘精力皆用於西學。[25] 沿此路徑走下去，經學在中國思想言說中退居二線是遲早的事，全不必新文化運動來激烈反傳統。這與章太炎等提倡「復古」者卻從根本上盪擊了儒學，[26] 真有異曲同工之效。

再說有意識的努力。近代經的地位可見一個從聖賢書（Scriptures）降為純世俗意義的一般經典（the Classics）的進程，可稱為「去神聖化」。這是一個有意促成的轉變，曾為晚清改革重要推手的黃遵憲，對清季全國「興學校」的風潮甚為不滿，頗感其舉措「皆與吾意相左」。其中一個重要的差異，即「吾以為『五經』、『四書』，當擇其切於日用、近於時務者分類編輯，為小學、中學書，其他訓詁名物歸入專門，聽人自為之；而彼輩反以『四書』、『五經』為重」。[27]

這一表述異常重要，說明黃遵憲等人已將經典的「去神聖化」落實到意識層面。改編「四書」、「五經」的前提竟然是不「以『四書』、『五經』為重」，其「去經典化」的意旨可謂昭然若揭：就是要把經書從「聖賢書」的經典地位中解放出來，使之或「切於日用」，或「歸入專門」。而這裡的「切於日用」是與「近於時務」相併列

25 一些初步的討論，可參見羅志田：《裂變中的傳承：20世紀前期的中國文化與學術》，北京：中華書局，2003年，131-139頁。

26 參見王汎森：《章太炎的思想——兼論其對儒學傳統的衝擊》，臺北：時報出版公司，1992年二刷。

27 黃遵憲致梁啟超，光緒二十八年（1902）五月，《黃遵憲集》，吳振清等編校，天津：天津人民出版社，2003年，491-492頁。

的，顯然偏重於實用一面，即使存留一些規範人倫的意思在，[28] 也已不再具有不可更改的神聖性；而一般經典意義的經書在專門化以後，更不復具有對社會人生的整體指導意義了。

有意「去神聖化」的結果到民初已經很顯著，胡適後來回憶說：梁啟超的《中國學術思想變遷之大勢》「給我開闢了一個新世界，使我知道『四書五經』之外中國還有學術思想」。[29] 很明顯，胡適是把「四書五經」作為「學術思想」的對比參照物。這很有提示意義。梁啟超著作影響胡適之時還在晚清，而他寫回憶時約在民國二十年，在此過渡時代，「四書五經」本身也經歷著過渡——從曾經規範人倫的道義載體變為過去「學術思想」的載體，以及當時「學術思想」的研究對象。這已是一個充滿顛覆意味的轉變了。

而民初更明顯的是趨新讀書人那整體「去經典化」的努力，任何讀經的提議或舉動都遭到強烈反對，迄今亦然。有意思的是，這些反對讀經者似乎遺傳了晚清讀書人那種缺乏自信的心態，他們在意識層面連經書的一般經典地位都不承認，在下意識層面又仍把經視為聖賢書，頗高看之，故對其可能的威脅或威懾力始終警惕。

問題是，假如「經」一被讀就有無數危害，則這些人平時所提倡讀的那些新文籍何以沒有這樣大的影響力？若有，就不必怕讀經；若沒有，就要檢討其是否提倡有誤。其實「經」在現代絕無那樣大的力

---

28 那也大致是那些致力於「禮下庶人」的儒生還這樣想，晚清常人言說中，「切於日用」更多近於「布帛菽粟」一面，如一九○九年《申報》上一篇文章說：「珠玉雖美，不如水火布帛菽粟之切於日用，此人人所知也。而不知我人生活上有必要之常理實務，同於水火布帛菽粟，亦不能一日無。故教育以切實適用為要。」不署名：《改良教育淺說》，《申報》1909年12月13日，1張3版（此材料承王東傑教授提示）。此處所談「教育以切實適用為要」，正是黃遵憲觀念的進一步落實，雖隱約可見「道不遠人」一類「日用人倫」觀念的痕跡，但已明顯不是該文之所欲言了。

29 關於胡適認知中梁啟超對他的影響，參見羅志田：《再造文明的嘗試：胡適傳》，北京：中華書局，2006年，49-50頁。

量，這方面的威脅更多是想像的。[30] 但這持續的警惕和防備很有影響力，其效果就是整體的「去經典化」，現在恐怕連有能力在大學教經學的人都少之又少了。

重要的是，任何社會的「經典」本來都不僅局限在象牙塔裡，也以一種潛移默化的方式存在於百姓的人生日用之中（與黃遵憲心目中的「切於日用」有同有異）。傳統經典從人們的生活中淡出，影響極為深遠；儘管其表現可能是逐步的，一開始未必那麼直接和明顯。近代經典淡出之後，社會處於一種無所指引的狀態，引發了一系列的問題，此不贅述。

經典退隱之後最直接的變化是，「學問」本身的內涵與外延，以及怎樣治學，都成為需要思考和梳理的問題。甚至「讀書」這一帶有象徵性的行為，也開始具有不同的意義。伴隨著科舉制的廢除，不論在社會還是思想層面，以及新興的學科體制層面，與「讀書」行為相關的一系列範疇，都面臨著重新規整的需要。讀書人的自定位和社會定位，也發生了較大的轉變，並帶來許多困惑。

四　讀書人定位的轉變與徘徊

如前所述，部分或許為了填補經典淡出之後的空白，清末民初出現一個新興的流行詞彙，即作為一個整體的「學術思想」（而非「學術」和「思想」相加而成的混合詞）。[31] 不過，今日意義的「學術」

---

30 竊以為，作為文化傳統的重要組成部分，「經」無論如何都應當讀，問題只是如何讀、讀多少及在人生中何時讀而已。即使從反傳統一面看，「經」也不能不讀；否則傳統尚不知，又如何反？

31 參見羅志田：《近代讀書人的思想世界與治學取向》，北京：北京大學出版社，2008年，3-6頁。

和「思想」本身，同樣是近代的新興流行語，常常指謂相關然而有別的兩個概念。結果產生一種連帶的現象，不論是菁英還是身處邊緣的近代讀書人，往往一身而兼有「學人」和「士人」（大體可以說是學術與思想的載體）兩種身份認同，又始終徘徊於讀書治學和社會責任之間。

這大概也是過渡時代之中一個過渡現象。相對抽象而意義中立的「學術思想」，其實很難承襲以前經典所具有的指導性社會功能，但又被賦予了類似的責任，似乎不能不扮演著某種指導社會的角色。這樣，不論是整體的「學術思想」，還是分別的「學術」和「思想」，作為其載體，讀書人的社會角色都可能需要重新界定、重新認識。讀書人的社會形象，也發生著某種轉變。而讀書人的行為，也出現了相應的轉變。

這裡所謂讀書人的「社會責任」，也是用一個後出的詞彙來泛指外在於「學」的各種責任，包括從政議政。在以前，這類責任與讀書治學本無衝突。在中國傳統觀念裡，政與教息息相關；用張之洞的話說，國家之興衰，「其表在政，其裡在學」。[32] 昔年的士人，不論是否用世，都像躬耕隴畝的諸葛亮一樣，隨時為「澄清天下」做著準備。

民初人或許受到近代西方出現的知識分子和專業學人之分的影響，開始提倡學者最好不做官也不論政的取向。但西方也強調知識分子的社會責任意識，而上述中國傳統觀念仍影響著眾多讀書人（包括其中的趨新者）。身處過渡時代的讀書人，確常徘徊於士人與學人兩種身份認同之間，有時欲分，有時又感覺難以切割為二。

以前的士人是進退於江湖和廟堂之間，雖然也有所謂鄉曲陋儒，

---

32 原文是：「世運之明晦、人才之盛衰，其表在政，其裡在學。」張之洞：《勸學篇‧序》，《張文襄公全集》，第4冊，545頁。

但若以理想型（ideal type）的方式表述，則士人進退之際，基本保持著「天下士」的胸懷。與之相比，徘徊於士人與學人之間，已是一個很大的區別。不過，傳統的現代影響，仍處處可見。從清末到民初，始終有人感覺讀書人若是「為學問而學問」，就未曾盡到對國家民族的責任。

常乃惪在一九二八年就抱怨說：胡適推動的整理國故，未能給「中國現代的國民」以正面影響。像《紅樓夢考證》一類著述，「試問對於二十世紀中國人有何大用處」？他強調：「『無所為而為』的治學精神也未嘗沒有道理，但那是承平之世的勾當；在亂世的學者，應該是抱『為人生而研學』的態度才是。」[33] 常氏很清晰地看到了「無所為而為」本是傳統「讀書」的精神，甚有所見。他說那是「承平之世的勾當」，要「為人生而研學」的態度才是亂世的學者所應有，同樣有啟發。

在清季民初的過渡階段，遺存的士與新生的知識人共存，那兩三代讀書人的心態和行為，常有相互覆蓋的現象。從梁啟超到胡適再到常乃惪，其年齡大體都只有半個世代的差別，但在一般認知中，往往被視為三代人。其身上的過渡特性，也的確展現出某種層次感。由於科考內容的轉變，清季最後一代社會意義上的「士」，在思想上和心態上與傳統的士已很不一樣，反與中國最早一代的知識人頗多相近之處。另一方面，第一代和第二代的知識人，其社會存在雖基本相同，其心態和行為的差異，也與上兩代人相類。[34]

「士」與「知識人」有一個根本區別，即知識人可以停止在議政

---

33 常乃惪：《再論整理國故與介紹歐化》，《民國日報・覺悟》，1928年4月19日，2版。本文及下引常乃惪文承北京大學歷史系梁心、薛剛同學協助查核。

34 本段和下兩段，參見羅志田：《權勢轉移：近代中國的思想、社會與學術》，武漢：湖北人民出版社，1999年，193-206頁。

階段，做「社會的良心」，甚至可能「回到故紙堆中去」；但對真正的士來說，學問本是為政治而做，「澄清天下」同時落實在「人心」和「世道」兩方面，不僅要作「社會的良心」，也一直有著「待時而起」的心理準備，隨時可以參與實際政治。

像梁啟超這樣最後一代的士，恰體現了從士的時代轉化為知識人時代的社會大潮：他們在思想上仍欲為士，但社會存在卻分配給他們一個越來越近於知識人的社會角色，給其生涯增添一筆悲劇的色彩。另一方面，很多新式讀書人確實希望作一個疏離於政治和社會的專業學人，而近代又是名副其實的「多事之秋」，國家一旦有事，他們大多還是感覺到不得不出的責任：少數人直接投身於實際政治（包括政治革命），多數人則不時參與議論「天下事」。

馬克思曾說，「陳舊的東西總是力圖在新生的形式中得到恢復和鞏固」，此即最能體現。[35] 不過，常乃惪已說：「一種文化，當其主要之一部分改變之後，縱然其他部分仍然保留，就全體的見地言，已經不與舊時相同了。」[36] 既處於經典淡出後的語境之中，這種舊事物的復出，更多是一種無序的再現，帶有似是而非的特點。不僅從全體著眼已不同，就部分本身言也未必同。如麥金太爾（Alasdair C. MacIntyre）所說：許多被繼續使用的關鍵性詞彙，僅僅是先前概念體系的斷裂殘片，未必完全表現著這些術語曾有的涵義。[37]

術語如此，行為亦然。時代背景既然與前不同，那些參政或「議

---

35 馬克思致弗・波爾特，1871年11月23日，《馬克思恩格斯選集》，北京：人民出版社，1972年，第4卷，394頁。

36 常乃惪：《與王去病先生討論中國文化問題（續）》，《民國日報・覺悟副刊》，1928年4月13日，2版。

37 Alasdair C. MacIntyre, *After Virtue: A Study in Moral Theory*, Notre Dame, Ind.: University of Notre Dame Press, 2nd ed., 1984, pp. 1-3. 此書有中譯本：《德性之後》，龔群、戴揚毅等譯，北京：中國社會科學出版社，1995年，參見3-4頁。

政」的讀書人總顯得不那麼理直氣壯，彷彿離了本行，往往不免帶點欲語還休的意態。

五　誰來承擔國事的責任——偏重梁啟超的思慮

伴隨著「去經典化」的推行，從十九世紀末年開始，可見一個日益加劇的讀書人自我反省和自我批判的進程，造成了讀書人形象的負面轉化。[38] 梁啟超在清季就曾指責中國「讀書人實一種寄生蟲也，在民為蠹，在國為虱」。[39] 另一讀書人林白水也代國民立言說，「我們中國最不中用的是讀書人」、「現在中國的讀書人沒有什麼可望了」。[40] 不久梁啟超和章太炎又互相指斥對方（革命黨人和維新黨人）不道德。[41] 以梁、章二位在當時的影響力，這樣的攻擊性論爭對讀書人的形象具有相當的破壞性：假若雙方所言多少有些依據，則其在「道德」方面都有缺陷；而士人的整體形象，自然也就更成問題了。

近代中國受到列強全方位的入侵，已面臨著顧炎武所說的「亡天下」的危險，因而已到「匹夫有責」的階段。甲午後日益響亮的口號是「開民智」，但庚子後政府已被認為不能救亡，如果讀書人也「不

---

38 參見余師英時：《中國知識分子的邊緣化》，收入其《中國文化與現代變遷》，臺北：三民書局，1992年，33-50頁；羅志田：《近代中國社會權勢的轉移：知識分子的邊緣化與邊緣知識分子的興起》，收入其《權勢轉移：近代中國的思想、社會與學術》，191-241頁；王汎森：《近代知識分子自我形象的轉變》，收入其《中國近代思想與學術的系譜》，臺北：聯經出版公司，2003年，275-302頁。

39 梁啟超：《新民說》，《飲冰室合集·專集之四》，89-90頁。

40 白話道人（林懈〔獬〕）：《〈中國白話報〉發刊詞》（1903年），張枬、王忍之編：《辛亥革命前十年間時論選集》，第1卷，北京：生活·讀書·新知三聯書店，1960年，603-605頁。

41 梁啟超：《中國歷史上革命之研究》（1904年），《飲冰室合集·文集之十五》，40頁；章太炎：《革命之道德》（1906年），張枬、王忍之編：《辛亥革命前十年間時論選集》，第2卷，北京：生活·讀書·新知三聯書店，1963年，513頁。

中用」，那這個任務由誰來承擔？梁啟超當年已感不能自圓其說，遂
提出「新民云者，非新者一人，而新之者又一人也，則在吾民之各自
新而已」。[42] 用今日的話說，人民可以也只能自己在游泳中學習游
泳。章太炎大致分享著類似的思路，不過轉而寄希望於「革命」，提
出前引「以革命開民智」的主張。

　　然而，人民能否在游泳中學會游泳，以及革命是否如章太炎想像
的那樣是補瀉兼備之良藥，在當時仍是充滿想像的未知因素。梁啟超
自己對「民」和「士」的態度很快有所調整。他在寫《新民說》之前
曾嚮往一種兩全的境界，即以「多數之國民」的主動來「驅役一二之
代表人以為助動者」，以獲取「一國之進步」。[43] 到一九〇七年，他已
將中國興亡的希望寄託於「中流社會之責任心」。因為「中流社會，
為一國之中堅；國家之大業，恆藉其手以成」。若「一國中有普通知
識居普通地位之中流社會，能以改良一國政治為己任」，則國家前途
便有希望。[44]

　　到辛亥革命前夕，梁氏終於回歸到四民之首的士人心態，承認
「無論何國，無論何時，其揹柱國家而維繫其命脈者，恆不過數人或
十數人而已」。此少數「在朝在野指導之人」而「能得多數之景從
者」時，國家就昌盛。他確信，只要中國「能有百人懷此決心，更少
則有十數人懷此決心」，盡全力與惡政府、惡社會以及全世界之惡風
潮奮戰，中國就不可能亡。他一面代國民立言，以為「微論吾國今日

---

42 梁啟超：《新民說》，《飲冰室合集‧專集之四》，3頁。按這也反映著過渡時代
　　「民」意識的上升，參見柯繼銘：《理想與現實：清季十年思想中的「民」意識》，
　　《中國社會科學》2007年1期。

43 梁氏並指出，若反過來，「其主動者在一二之代表人，而強求多數之國民以為助動
　　者，則其事鮮不敗」。梁啟超：《過渡時代論》，《飲冰室合集‧文集之六》，32頁。

44 梁啟超：《政治上之監督機關》（1907年），《飲冰室合集‧集外文》，夏曉虹輯，北
　　京：北京大學出版社，2005年，526頁。

未遽亡也，就令已亡矣，而吾國民尚當有事焉」；一面更自己表態說：「雖中國已亡，而吾儕責任終無可以息肩之時。」[45]

這裡的轉變至為明晰：此前他是想以「多數之國民」來「驅役一二之代表人」，現在轉而為由少數「在朝在野指導之人」來吸引「多數之景從」了。

入民國後，梁啟超的態度仍在游移之中，他一面大力強調「國民運動」的重要性，主張「共和政治的土臺，全在國民。非國民經過一番大覺悟大努力，這種政治萬萬不會發生；非繼續的覺悟努力，這種政治萬萬不會維持。」如果國民的面貌不改變，「憑你把國體政體的名目換幾十躺招牌，結果還是一樣」。[46] 這裡對民眾「資格」的強調，仍是「新民」思想的延續。

而他在討論「多數政治」（即西方議會民主制）時仍說：多數政治要實行得好，關鍵在於「國中須有中堅之階級」。即「必須有少數優秀名貴之輩，成為無形之一團體；其在社會上，公認為有一種特別資格；而其人又真與國家同休戚者」。以此中堅階級來「董率多數國民，夫然後信從者眾，而一舉手一投足皆足以為輕重」。他明言：「理論上之多數政治，謂以多數而宰制少數也；事實上之多數政治，實仍以少數宰制多數。」[47]

稍後梁氏仍以為，「惡劣之政府，惟惡劣之人民乃能產之」。但卻說中國「大多數地位低微之人民，什九皆其善良者」。善良的人民卻產出惡劣的政府，這一「國事敗壞之大原」，實種因於惡劣的士大

---

45 梁啟超：《中國前途之希望與國民責任》（1911年），《飲冰室合集・文集之二十六》，35-36、39-40頁。

46 梁啟超：《外交歟內政歟》（1921年12月），《飲冰室合集・文集之三十七》，44頁。

47 梁啟超：《多數政治之試驗》（1913年），《飲冰室合集・文集之三十》，35-37頁。此條材料承北京大學歷史系高波同學提示。

夫。蓋蠹國之官僚、病國之黨人，皆士大夫也。然而他又說：「一國之命運，其樞紐全繫於士大夫。」故「今欲國恥之一灑，其在我輩之自新。我輩革面，然後國事始有所寄」。[48]

在某種程度上說，以文學革命為開端的新文化運動，最終留下的可持續成就是用白話文替代文言。這是繼廢科舉、革帝制之後又一項以千年計的大變，其得失還很難說——近代形成的「新中國」進一步地新了，但古今之間的隔閡可能是根本性的。[49] 不過，對那些提倡白話的菁英讀書人而言，這一典型的揚短避長舉措，雖不無自毀的意味，或者也是他們在愧疚中以自我批判的方式向大眾靠攏。然而得益的不一定是大眾，更多是介乎於菁英和大眾之間的邊緣知識分子。後人與前人的距離確實拉開了，菁英與普通人的距離卻未必拉近了多少，埋下了後來各種反智運動的伏筆。

五四運動後，梁啟超一方面強調國民運動不能是一個或幾個特定社群的事，應該盡可能使其成為「全民的」；但又說：國民「運動要由知識階級發起，那是沒有法子的事」。他主張每個國民都要「反省『我』應該做什麼事」，以「喚起自己的責任心」；同時更要認識到「各人地位不同、能力不同」，所以必須有分工。經過自我反省，「知道『我』能做哪件，『我』該做哪件，然後各用其長，各盡其才」。這樣的分工不僅「可以收互助的效果」，由於是「人人自動的去做」，也不至於感覺是「某人指揮某人去做」。[50]

「分工」說似乎讓梁啟超更能自圓其說，在此基礎上，他進一步代士人自責說，「十年的民國鬧到這樣田地」，不是軍閥、官僚的責

---

48 梁啟超：《痛定罪言》（1915年），《飲冰室合集‧文集之三十三》，8-9頁。

49 此後若要溫故知新，則教育成本大增；若放棄溫故知新，可能就是文化的斷裂。

50 本段與下兩段，梁啟超：《外交歟內政歟》（1921年12月），《飲冰室合集‧文集之三十七》，50-59頁。

任，而是「一群自命正人君子的人」的責任；他們中的積極者總想通過軍閥、官僚施展抱負，而消極者又潔身自好，不肯干預世事。梁氏明言：「我自己和我的朋友，都是這一類的人。」這些人就像人體中的「健全細胞」，他們不肯負責，則毒菌自然「猖獗縱橫，到處傳染」。故「國事之壞，責任不在他們而在我們」，也「只有責備自己」。

可以看出，梁啟超在自責的同時，又自我承擔起國事的責任。且不論這是否意味著他最終放棄了讓人民自己在游泳中學習游泳的取向，但顯然已更強調讀書人的責任。然而，過渡時代讀書人的自定位和社會定位的轉化是延續的，梁啟超的困惑亦然。他承認自己「學問興味政治興味都甚濃」，而前者更甚。他常夢想政治清明，能夠「容我專作學者生涯」；同時又常感覺「我若不管政治，便是我逃避責任」。所以，「我覺『我』應該做的事」，就是像年輕時一樣「做個學者生涯的政論家」。

所謂「學者生涯的政論家」，看似一種魚與熊掌兼得的狀態，其實就是用已經發生轉變的讀書人定位意識，來看待以前讀書人的常規責任。那個區別於實際之我的引號中的「我」，便更多是社會定位的「我」，多少帶些佛洛德所說的「超我」意味，既是自我，又彷彿被一隻「看不見的手」所推動，鮮明地呈現出梁啟超那種不得不如是的徘徊感。

其他不少人也有非常相似的心態。章士釗的政治立場與梁啟超不同，他在「五四」前也說：中國建國之道在於人人「盡其在我」，但仍需「讀書明理、號稱社會中堅之人」起而帶頭，負起整理民族、建設新國家的責任。用他的話說，就是「知吾國即亡，而收拾民族之責仍然不了」。[51] 這基本是復述梁啟超所說的「雖中國已亡，而吾儕責

---

51 秋桐（章士釗）：《國家與我》，《甲寅》（月刊），1卷8號（1915年8月），7-11頁（文頁）。

任終無可以息肩之時」，但那種想要指導人民的自我承擔氣概，表現得更顯著。

問題是，當時讀書人的狀況似不使人樂觀。陳時在同時就感覺「吾國士大夫之不悅學，莫今日若」，因此導致「思想趨於偏隘，學殖益荒」。[52] 士人狀況如此不佳，國家前途還只能肩負在他們身上，這是一幅怎樣令人困惑的圖景！其實不論什麼時代，讀書人的狀況總是千差萬別的。即使儒生，也很早就有「君子儒」和「小人儒」、「鄉曲之士」和「天下士」等等區分。以澄清天下為己任的，本是理想型的讀書人；而以「干祿」為讀書目的者，也從來不少見。

中共的瞿秋白也注意到五四運動後讀書人成分的轉變，並提出「知識階級究竟是什麼東西」的問題。據他分析，在「中國式的環境裡」，知識階級已分為新舊兩類，舊的是「宗法社會的士紳階級，當年或者曾經是『中國文化』的代表」；新的則是「歐風美雨」的產物，從學校的教職員到金融實業機構的職員，以及「最新鮮的青年學生」，其中「學生界尤其占最重要的地位」。[53] 瞿氏雖使用了一些馬克思主義術語，基本還是以新舊分，重要的是他指出了一個越來越為多人接受的觀念——「讀書人」本是一個由不同小群體所組成的大社群。

陳獨秀稍早在探索中國政治不良的責任時，也認為國民決定著政治的優劣，故「欲圖根本之救亡，所需乎國民性質行為之改善」。[54] 這裡當然可見清季「新民」說的延續，但他和許多側重改造國民性的新文化人（例如魯迅）一樣，似乎都更接近梁啟超後來的見解，即主張由覺悟了的讀書人來改造國民（國民黨後來實行的「訓政」，大體也表

52 陳時：《發刊詞》，《光華學報》（武昌中華大學）第1期（1915年5月1日），2、5-6頁。本條材料承北京大學歷史系王波同學提示。

53 秋白：《政治運動與知識階級》，《嚮導》18期（1923年1月31日），147-148頁。

54 陳獨秀：《我之愛國主義》（1916年），《陳獨秀著作選》，第1卷，206-207頁。

現出類似的思路）。儘管新文化人在意識層面想要與民眾打成一片，無意把社會分作「我們」與「他們」兩部分，但其既要面向大眾，又不想追隨大眾，更要指導大眾，終成為難以自解的困局。[55] 而這些逐漸被視為「百無一用」的書生，卻仍不能推卸救國救民的責任。

六 「煞風景」的「狗耕田」

按理想型的中國傳統，皇帝努力的方向是無為而無不為，士人則當致力於無用之用的大用。近代與古代的一大不同，是以前士人追求無用之用，而看不起所謂「文人」；當無用之用失去正當性後，前此的士人之所為，後來卻成了「文人」的象徵。王照在一九〇〇年說，中國「專有文人一格，高高在上。占畢十年或數十年，問其所學何事，曰學文章耳。此真世界中至可笑之一大怪事」！這些「文人」只會「舞文弄墨，襲空論以飾高名」；其「心目中不見細民」，所學皆非於個人生活、社會、國家和世界「必不可少之知識」，當然也不能靠這些人使國家富強。[56] 被鄙夷者成為鄙夷者自身的形象，其間的弔詭（paradoxical）意味，的確深長。

而一些近代讀書人自身將這一「文人」形象標舉出來，有意無意之間卻想要藉以整體否定讀書人。在清代漢學家眼中，「一為文人，便無足觀」。身與革命的瞿秋白在民國時呼應說：「的確，所謂『文人』，正是無用的人物。」他所謂「文人」，乃是「讀書的高等遊民」，即「書生」的同義詞。這些人「對於實際生活，總像霧裡看花似的，隔著一層膜」。故其「對於宇宙間的一切現象，都不會有親切

---

55 參見羅志田：《權勢轉移：近代中國的思想、社會與學術》，223-224頁。

56 王照：《官話合聲字母原序》（1900年），《小航文存》，臺北：文海出版社影印，1968年，77-81頁。

的了解」；甚至連學問也沒有：「他自以為是學術界的人。可是他對任何一種學問都沒有系統的研究、真正的心得。」[57]

總之，「『文人』和書生大致沒有任何一種具體的知識。他樣樣都懂得一點，其實樣樣都是外行」，往往「連自己也不知道究竟做的是什麼」。從相對長程的眼光看，這豈不正是一個追求「無用之用」的典型形象！然而從晚清開始，一切都發生了根本性的轉變。一旦退虜、送窮等具體的「用」成為正面的甚至唯一的國家目標，以及檢驗「道」或後來所謂「學術思想」的標準，原來正面追求的「無為」，就變成了「無用」；不為「知識」而讀書的學習，就成為馮友蘭所說的「紙片上之學問」；為此進行的所有努力，都只能「壯紙片上之觀瞻」。[58]

馮友蘭與瞿秋白的政治傾向非常不同，但兩人都清楚地意識到了傳統的「文」或「書」與象徵著現代的「知識」之間的對立與緊張，並同樣用後出的現代「知識」來評斷傳統的「文」或「書」。[59] 在新的眼光下，這些號稱「知識分子」的文人和書生，「一點沒有真實的知識」；故對於「無論哪一件具體而切實的事情，他都會覺得沒有把握」。反之，「假如你是一個醫生，或是工程師、化學技師」，甚至作家、革命者，「你自己會感覺到每天生活的價值，你能夠創造或是修補一點什麼」，也就是對社會「有用」。[60]

---

57 本段與下段，瞿秋白：《多餘的話》，收入其《餓鄉紀程、赤都心史、亂彈、多餘的話》，長沙：嶽麓書社，2000年，335-338頁。

58 馮友蘭：《新學生與舊學生》（1918年9月），《三松堂全集》，鄭州：河南人民出版社，1994年，第13卷，619-623頁。

59 這裡的「知識」不僅是專業化的，還越來越與「科學」（包括社會科學）掛鉤，再後來更特別與「技術」掛鉤。

60 本段與下段，瞿秋白：《多餘的話》，收入其《餓鄉紀程、赤都心史、亂彈、多餘的話》，335-336頁。

　　瞿秋白承認，他「自己正是『文人』之中的一種」，古今中外的書都讀過一些，然而「究竟在哪一種學問上，我有點真實的知識？我自己是回答不出的」。儘管處於一種悔悟的否定心態，瞿秋白其實非常形象地表述出了以前讀書人實際怎樣「讀書」。他也敏銳地認識到其過渡的性質：「『文人』是中國中世紀的殘餘和『遺產』──一份很壞的遺產。」瞿氏相信，「再過十年八年，『就』沒有這一種知識分子了」。

　　「十年八年」不必是個準確的時間，但確實揭示出一個時代正在消逝。「無用之用」的背後，是「君子不器」的長遠追求；當下就要證明自身「有用」於退虜送窮，等於是要求全體「君子皆器」。正所謂「人無遠慮，必有近憂」。過去讀書人承擔的更多是「遠慮」，而將「近憂」讓諸專門的技術型人才。如今「遠慮」漸被束之高閣，而「近憂」卻在咫尺之間。一旦「遠慮」被架空，舉目四顧，便滿眼皆是「近憂」。在退虜送窮的急務紛至沓來之時，「君子不器」的追求也就逐漸轉化為「君子不能器」的社會認知。

　　瞿秋白預測「文人」將逝之時是在一九三五年，兩年後抗戰的爆發更加凸顯了讀書學習的實用性，越來越少的人還在維持那種對「無用之用」的追求。相反，書生的「百無一用」卻成為長期流傳的社會認知；即使那些專門化知識的學習者，有時也難逃類似的指責。

　　一方面，新時代的讀書人有著更多的選擇，包括真正隱退到所謂的「象牙塔」之中。另一方面，或許因為歷史記憶尚未淡忘，讀書人的責任感似乎並未減少──社會仍對他們寄予希望，他們自身也不時會挺身而出。身處過渡時代的新型讀書人，面臨著一系列劇烈的社會和政治轉變，其自定位也始終處於波動之中，更有著超乎以往的困惑。

　　用鄭伯奇的話說：「在白玉砌成的藝術宮殿，而作劍拔弩張的政

治論爭，未免太煞風景。」[61] 傳統士大夫本志在澄清天下，其社會定位亦然；而新型讀書人卻總是徘徊在學術、藝術與政治、社會之間，他們想藏身於象牙塔或藝術宮殿之中，與政治、社會保持某種距離；但不論是遺傳下來的傳統士人還是新型「知識分子」的責任感，都不允許他們置身事外，所以不能不持續做著「煞風景」的事，始終處於一種「不得不如是」的無奈心態之中，難以抹平內心的緊張。

但更根本的緊張和衝突是，正如清季的「小政府」不得不承擔在短期內富強（即退虜和送窮）的大任務，像瞿秋白這樣一個似乎沒有專長的書生，可能還不得不承擔領導「殺人放火」的革命責任。對他們而言，這是某種已經錯位但又無法迴避的角色。

在瞿秋白看來，那時「最優秀的最真誠的不肯自己背叛自己的光明理想的分子，始終是要堅決的走上真正革命的道路的」。[62] 但他也坦承「中國的知識階級，剛從宗法社會佛、老、孔、朱的思想裡出來，一般文化程度又非常之低，老實說這是無知識的知識階級，科學、歷史的常識都是淺薄得很」。由於革命實踐的急切需要，卻不得不讓這樣的人來充當中國無產階級的「思想代表」，就像「沒有牛時，迫得狗去耕田」。他自己從一九二三年回國後，就一直在「努力做這種『狗耕田』的工作」。[63]

「狗耕田」本是特指中國馬克思主義革命者中的讀書人，若推而廣之，似乎也可從這一視角去理解近代新型讀書人在過渡時代之中的困窘。而且這一困窘是延續的：近代百餘年間，有不少思想和政治的

---

61 鄭伯奇：《國民文學論（上）》，《創造周報》第33號（1923年12月23日），3頁。

62 瞿秋白：《〈魯迅雜感選集〉序言》（1933年），《瞿秋白文集·文學編》，第3卷，北京：人民文學出版社，1989年，111頁。

63 瞿秋白：《〈瞿秋白論文集〉自序》（1927年），《瞿秋白文集·政治理論編》，第4卷，北京：人民出版社，1993年，415頁。

分水嶺，雖在很大程度上影響了讀書人在中國社會中的位置，似乎仍未從根本改變其掙扎徘徊於「士人」和「學人」之間的緊張。

　　原刊《漢學名家論集：吳德耀文化講座演講錄》，黃賢強主編，新加坡：新加坡國立大學中文系、八方文化創作室，2011年8月

中國傳統的負面整體化：清季民初反傳統傾向的演化

　　近代中國一個突出的時代特性是古今中外各種時空因素的多歧互滲，魯迅曾形象地描述說：「中國社會上的狀態，簡直是將幾十世紀縮在一時：自油松片以至電燈，自獨輪車以至飛機，自鏢槍以至機關炮，自不許『妄談法理』以至護法，自『食肉寢皮』的吃人思想以至人道主義，自迎屍拜蛇以至美育代宗教，都摩肩挨背的存在。」其中不少事物頗具二重性，如「既許信仰自由，卻又特別尊孔；既自命『勝朝遺老』，卻又在民國拿錢；既說是應該革新，卻又主張復古：四面八方幾乎都是二三重以至多重的事物，每重又各各自相矛盾。一切人便都在這矛盾中間，互相抱怨著過活」。[1]

　　魯迅說的是民國初年的情形，但也大致適用於清末；他對此現象特別不滿而亟思改變（詳後），其實恰道出多歧互滲這一相當接近社會原狀的時代「真相」。當時一個顯著的特點是西潮衝擊引發劇烈而頻繁的變動，與此相伴隨的另一明顯特點即傳統的中斷。其實那時也還有許多──或者是更多──不變的層面，與此相類，傳統的中斷也並非全斷，其間多有或隱或顯的傳承。可以說，斷裂與延續的交織鮮明地體現了近代中國多歧互滲的特性。

　　變動和中斷的一面或許更能體現中國近代史發展演化的特色（蓋

1　魯迅：《熱風·隨感錄五十四》（1919年），《魯迅全集》（1），北京：人民文學出版社，1981年，344-345頁。

更能凸顯與所謂「前近代」的不同），但其與不變和傳承的一面又相
互緊密關聯，兩者並行而共存是更通常的狀態。只有較全面深入地認
識變與不變和斷裂與傳承的兩面之後，才能更充分地認識近代中國那
飽含斷裂的延續。也許因為近代入侵的西人常常譏刺中國歷史幾千年
恆久不變，或者由於清季以還中國人日益喜變求變（「數千年未有的
大變局」幾乎成為晚清人的口頭禪，最足表明時人所受刺激及其關注
之所在），我們的史學研究也一向是多見斷裂和變動的一面，而較忽
視歷史的延續性。

一 歷史的延續性

這樣一種研究傾向或者也是西潮影響的產物。張光直先生前些年
提出，西方文明的形成和發展特性是斷裂的或突破性的，而中國（甚
至更廣大的非西方世界）文明的發展特性是連續性。[2] 他所討論的是
長時段的文明發展，若依其觀念退而觀察相對短時段的現象，則近代
中國的「西化」可以說相當徹底。以西方觀念為世界、人類之準則並
努力同化於這些準則之下是相當多中國近代學人普遍持有的願望，並
有著持續的努力。正是為了實現這一目標，不少士人試圖切斷歷史與
「現在」的關聯。

---

2 張先生認為，既存「社會科學上所謂原理原則，都是從西方文明史的發展規律裡面
歸納出來的」，如果不「在廣大的非西方世界的歷史中考驗」，特別是經過「擁有極
其豐富史料的中國史」的考驗，就不能說具有「世界的通用性」。他由此看到了
「西方社會科學的局限性和中國歷史（以及其他非西方史）在社會科學上的偉大前
途」，這一宏大問題非常值得進一步思考。參見張光直：《連續與破裂：一個文明起
源新說的草稿》，收入其《中國青銅時代》，第二集，臺北：聯經出版公司，1990
年，131-143頁；另見徐蘋方、張光直：《中國文明的形成及其在世界文明史上的地
位》，《燕京學報》新6期（1999年5月），8-16頁。

　　對於曾經長期強調「夷夏之辨」的中國士人來說，主動同化於西方本身就是一個相當徹底的激變。[3] 且中國傳統素來比西方更注重史學，這也有其各自的文化淵源：章太炎指出，中國文化「不定一尊，故笑上帝」。[4] 由於注重人間俗世，因而也就重視史學，故「孔子是史學的宗師，並不是什麼教主。史學講人話，教主講鬼話。鬼話是要人愚，人話是要人智，心思是迥然不同的」。[5] 太炎所針對的，是康有為等試圖樹立「孔教」的嘗試和努力，而康氏此舉的思想資源，恰是西方的基督教。

　　在西方，恩格斯注意到，在基督教神學觀念影響下，史學曾長期不脫「天國史」的陰影，史事既成神的啟示，歷史本身自然失去意義。後之哲學家黑格爾已算很重視歷史，但在其眼中，「歷史不過是檢驗他的邏輯結構的工具」；甚至自然界也「只是觀念的『外化』，它在時間上不能發展，只是在空間中展示自己的多樣性」。與此相類，十八世紀的歐洲唯物主義也因「不能把世界理解為一個過程，理解為一種處在不斷的歷史發展中的物質」，從而形成一種「非歷史的觀點」。所以恩格斯在一八四四年還強調要注重「人的啟示」，提出「把歷史的內容還給歷史」。[6]

3　當然，夷夏之辨本身也有開放的一面，其主流是以文野區分夷夏；一旦西方文明中國野蠻的觀念確立，夷夏之辨的觀念也可以為同化於西方提供理論支持。參見羅志田：《夷夏之辨的開放與封閉》，收入其《民族主義與近代中國思想》，臺北：東大圖書公司，1998年，35-60頁。

4　章絳：《原學》，《國粹學報》第6年（約1910）第4期。按該報按欄目的類別分頁，我所用者有的是原初分冊本，有的又是全年分類重裝本，難以統一，故不標頁；時間則依原刊慣例寫明第幾年，每一年首次出現時注明大致相應的西元年份。

5　章太炎：《中國文化的根源和近代學問的發達》，《章太炎的白話文》，陳平原選編，貴州：貴州教育出版社，2001年，67頁。

6　參見恩格斯：《英國狀況——評湯瑪斯·卡萊爾的〈過去與現在〉》，《馬克思恩格斯全集》，第1卷，北京：人民出版社，1965年，650頁；《路德維希·費爾巴哈和德國

　　對章太炎來說，歷史意味著一個從過去到未來的時間發展過程：
「過去的事，看來像沒有什麼關痛養，但是現在的情形，都是從過去
漸漸變來。凡事看了現在的果，必定要求過去的因，怎麼可以置之不
論呢！」[7] 後來杜亞泉以發展的時間觀念詮釋「國民」，並與具體的
空間相結合而予「國家」以相當宏闊的時空界定，他以為：「國家
者，國民共同之大廈。我國民生於斯，聚於斯，而不可一日無者也。
且國民之共同生聚於斯者，不僅限於現代之國民而已，其先我而死、
後我而生者，亦皆賴此以生聚。故國家非一時之業，乃億萬年長久之
業。」[8]

　　既然「廣義」的國民是「前有古人，後有來者，與現代之人民，
相接續而不能分離」，則「國民對於國家」，不僅有「改革其政務，更
變其憲典」的權利，且在行使此權利時，「對於從前之國民，及今後
之國民」，應擔負「道德上之義務」；必「對於從前之國民而善為接
續，對於今後之國民而使其可以接續」。換言之，國家成為「億萬年

古典哲學的終結》，《馬克思恩格斯選集》，北京：人民出版社，1972年，第4卷，
224-225頁。中西文化的這類差異似乎導致了對空間和時間的不同側重，前引魯迅所
說的當世矛盾，本來包括時間上的古今和空間上的中外，從飛機、機關炮到人道主
義和美育，在那時的中國都是魯迅愛說的「舶來品」，但他眼中所見則只有「幾十
世紀縮在一時」這一「時間中展示的多樣性」，並無任何空間的差異。這固然有清
季以來中國士人以「新舊」置換「中西」而模糊文化認同的苦衷（這一努力本身也
是以時間概念置換空間概念），無意中也體現了中國傳統注重時間的歷史眼光。而
中國傳統對「空間」向來不夠認真，有時更採取一種「虛擬」的態度，即莊子所謂
「六合之外，存而不論」也。前引「夷夏之辨」那以文野區分夷夏的主流，也表現
出對具體居住區域的相對忽視。

7　章太炎：《中國文化的根源和近代學問的發達》，《章太炎的白話文》，67頁。

8　本段與下段，杜亞泉：《接續主義》（1914年），收入田建業等編：《杜亞泉文選》，上
海：華東師大出版社，1993年，130-131頁。有意思的是，被不少人以為偏於「保
守」的杜氏特別指出這一「接續主義」出自「德儒佛郎都氏所著《國家生理學》」，
這在當時恐怕主要不是要遵守學術規範，而更多是希望藉「德儒」以增強其說服力。

長久之業」，依賴的是過去、現在及將來的「國民對於國家之接續」。小到個人，「推而至於家庭，推而至於團體，亦皆賴此接續主義以存立」；甚至「人之所以為人，正欲使此接續主義之不至喪失耳」。

章太炎早就從中國傳統最為注重的人禽之別的高度來論證類似的歷史眼光，他強調：「人類所以異鳥獸者，正以其有過去未來之念耳。若謂過去之念當令掃除，是則未來之念亦可遏絕，人生亦知此瞬間已耳，何為懷千歲之憂而當營營於改良社會哉？」[9] 若中國這一國家處在一個發展的進程之中，「現在」便是連接未來和過去的一點。無論未來多麼光明、過去多麼黑暗，任何「現在」以及「未來」之中都蘊涵著已逝而揮之不去的往昔，反之亦然。必注重事物繼往開來的發展一面，才凸顯出當下社會改革的「深遠」歷史意義。所謂「千歲之憂」，正對應著國家可否為「億萬年長久之業」的關懷。

這本是中國的傳統，歷代士人看重歷史並不僅僅是回向往昔，而往往著眼於「現在」甚至將來的天下（國家、人民以至文化）。最典型的是黃金式的「三代」被賦予各式各樣的豐富涵義，許多立說者未必真是在理解「三代」，恐怕反是對現實有所不滿，以神遊曠古之法表述其對社會、政治的理想境界，在思路上類似於章太炎所說的復古即是褪新。[10] 在這一點上，清季的重建「國學」者和民初的反傳統者基本繼承了傳統的思維方式和行為方式，無論是清理學術源流還是反傳統，他們關懷的其實都是當時或將來的國家、人民和文化的地位。[11]

從歷代士人賦予「三代」的豐富涵義看，對「過去」的認知實際

9　章太炎：《駁中國用萬國新語說》，《章太炎全集》（4），上海：上海人民出版社，1985年，352頁。

10　章太炎語引在王汎森：《章太炎的思想──兼論其對儒學傳統的衝擊》，臺北：時報出版公司，1992年，176頁。

11　參見羅志田：《國家與學術：清季民初關於「國學」的思想論爭》，北京：生活·讀書·新知三聯書店，2003年。

也充滿想像的成分。陳訓慈後來說，「西國淺學之士，往往因吾國現時之不競，忽忘其過去之事蹟」。[12] 這一傾向同樣體現在不少近代中國士人的身上，則中國「過去」實際是在為其「現在」的失敗承擔責任。部分或因「西方」已取代「三代」成為美好想像的載體，近代人多視本國之「過去」為已知，故將想像的「特權」賦予那未知的將來。

許華茲（Benjamin Schwartz）以為，「當民族─國家處於衰亡之時，那兒的民族主義者就很難在往昔的民族旋律中去尋求價值，因為那與民族富強的需求背道而馳」。[13] 對很多中國士人來說，由於未來必然是或至少可能是美好的（即可能類同西方），本民族固有之文化是否保存已不那麼重要，從傳統中尋找不足（而不是光榮）以擯除或改進這樣一種「反求諸己」的取向不但不那麼可怕，而且簡直成為走向美好未來的必由之路。對五四人而言，全面反傳統似成為國家民族得救的必須，這也有一個逐步發展擴充的進程。

二　清季反傳統傾向的濫觴

清季朝野曾有一場保國與保教之爭，然士人所說的「教」到底是中國傳統中「政教」相連的「教」還是西方意義的宗教？或兼而有之？這是爭論者一開始就未能陳述清楚的，後來的許多爭論其實也因

---

12 陳氏因而主張「吾人不能不一據事實，一溯其先哲之業，以與他邦之發達相較證」。參見叔諒（陳訓慈）：《中國之史學運動與地學運動》，《史地學報》2卷3號（1923），5頁。

13 Benjamin Schwartz, *In Search of Wealth and Power: Yen Fu and the West* , Cambridge, Mass.: Harvard University Press, 1964, p. 20. 此書有中譯本，許華茲：《尋求富強：嚴復與西方》，葉鳳美譯，南京：江蘇人民出版社，1995年，引文在18頁，與拙譯稍不同。

概念的不清晰而起。可以肯定的是，「教」字的拈出本身即受西潮衝擊的影響，其在當時的概念也已部分西化。其實「政教」之「教」與今人所謂「文化」意思相通，正是近代中國士人最為關注的問題；從戊戌變法到新文化運動，學、教、國粹、文明、文化、孔家店、傳統等在某種意義上都是近義詞甚至同義詞，表述方式雖不斷轉換，實際關懷和思路卻一以貫之，其中一個明顯的傾向是這些稱謂被提及皆日漸偏於負面的含義。[14]

部分或因近代西方「國家「觀念的引入，清季士人非常重視學或教與國家的關係，那時不少人認為兩者是互補的，即鄧實所謂「國以有學而存，學以有國而昌」。[15] 故學亡則國亡，國亡而學亦難保，保國與保教幾乎是一個錢幣的兩面，缺一不可。康有為提倡保教最力，然其弟子梁啟超在一九○二年提出，「教」與「國」的不同在於「國必恃人力以保之，教則不然。教者也，保人而非保於人者也」。故他主張以後「所當努力者，惟保國而已」。[16] 這話說得十分有力。如果教需人保，則其價值何在？康有為提出保教，實已暗示他要保的教並無競爭力；而中國在近代國家實體競爭中的屢次失敗，似乎進一步證明此「教」既不能保人也不能保國。

前引陳訓慈所謂「因吾國現時之不競，忽忘其過去之事蹟」的現象，頗適用於相當一部分人中國士人，他們正是以近代「國家」之「不競」而歸咎於整體的傳統文化不能救亡競存。梁啟超以後，從吳稚暉到新文化運動諸人的一個基本共識是：中國傳統的「教」已不適應新的時代，其既不能保人，也不能自保。

---

14 這個問題涉及較寬，擬專文論述。

15 鄧實：《國學講習記》，《國粹學報》第2年（約1906）7期。

16 梁啟超：《保教非所以尊孔論》，張枬、王忍之編：《辛亥革命前十年間時論選集》，
　　北京：生活・讀書・新知三聯書店，1960年，卷一上，164頁。

清季和民初在思想、學術和社會等文化層面的傳承還需要更加深入的探索，但兩時段之間仍有不少明顯的差異，政治鼎革的巨變外，民國別於清代的一個傾向性的變化即是最終形成了從負面解讀傳統的取向。把傳統「講壞」[17] 的傾向從清季起便存在，但清季人如此大致是在有意無意之間，民初人則基本是為了國家民族的復興而有意為之。不過，清季人雖未必有意識地全面反傳統，卻在很多地方為民初反傳統者預備了思想武器。[18]

陳三立曾說，「國亡久矣，士大夫猶冥然無知，動即引八股之言：天不變道亦不變。不知道尚安在？遑言變不變。」譚嗣同引用此語後發揮說，「今日所行之法，三代之法耶？周、孔之法耶？抑亦暴秦所變之弊法，又經二千年之喪亂、為夷狄盜賊所羼雜者耳？」其實「周公之法度，自秦時即已蕩然無存」。[19] 而譚氏那句廣為人引用的「二千年來之政，秦政也，皆大盜也：二千年來之學，荀學也，皆鄉愿也」的提法，[20] 更為全面反傳統埋下了伏筆。既然傳統早已轉化而非周、孔之「真傳統」，二千年來不過是大盜和鄉愿為伍的「偽傳統」，自可破壞反對摧毀之。

---

17 朱熹曾說：「屈原之賦，不甚怨君，卻被後人講壞」。章學誠以為此語「最為知古人心」。章學誠：《史考摘錄》，收入倉修良編《文史通義新編》，上海：上海古籍出版社，1993年，339頁。

18 關於清季思想與新文化人反傳統的關聯已有一些人論及，如朱維錚的《失落了的文藝復興》，收入其《音調未定的傳統》，瀋陽：遼寧教育出版社，1995年，132-140頁；張灝的《傳統與近代中國知識分子》，收入其《幽暗意識與民主傳統》，臺北：聯經出版公司，1989年，171-185頁；王汎森在其《中國近代思想與學術的系譜》（河北教育出版社，2001年）中以「從傳統到現代的轉化」為題的一組文章，91-260頁；陳萬雄的《五四新文化的源流》（生活‧讀書‧新知三聯書店，1997年）一書也時有論及，特別是123-128頁。

19 譚嗣同：《興算學議‧上歐陽中鵠書》，《譚嗣同全集》，蔡尚思、方行編，北京：中華書局，1981年，160-161頁。按陳三立所謂「國亡久矣」多少有些反滿意識，譚嗣同則更多就文化層面發揮。

20 譚嗣同：《仁學‧二十九》，《譚嗣同全集》，337頁。

　　其間提倡孔教最力的康有為無意中對傳統的破壞起到了極大的作用，康氏謂古文經皆劉歆蓄意偽造，孔子學說也不過是有意「託古改制」，態度雖一貶一褒，兩者所述皆非原初真物卻是共同的。他實際提出了不少經典文獻乃作者據己意製作（孔、劉之別不過製作目的善惡不同）的認識路徑，極大地減損了經典的可信度。[21]

　　稍後國粹學派力辨「君學」與「國學」，大體上繼承了陳三立、譚嗣同的思路，即在梳理出「真國學」的同時可以反對摒棄現存之學中並非「真國學」的「君學」。[22] 他們很可能也受到康有為的啟發，在其解釋傳統中的「君學」部分時，有意無意建立出一種「陰謀」說，即君主是有意識地運用「愚民之術」以鞏固其政治專制。鄧實說三代以下的「霸天下之主，以陰謀取天下，不得不以陰謀守之；故其開國之第一事，必以誅鋤民氣、閉塞民智為至急之務」。劉師培則指責古代「一二雄鷙之君，利用人民之迷信，遂日以神鬼愚其民，使君權幾與神權並重」。[23]

　　既然相對清純的道統方面之經典都可能是為了政治目的而造作，通常被認為更污濁的政統方面出現一些以政治為目的之「欺騙」似乎也順理成章。其實國粹學派諸人多飽讀經史，他們當然知道歷代君主很少有正式的「愚民」表述，反多致力於「興學」，但若先存人君不

---

21 關於康有為的新學偽經和孔子改制說，參見王汎森：《古史辨運動的興起：一個思想史的分析》，臺北：允晨出版公司，1987年，150-164頁。

22 當然，承認周孔真法或另有真國學者，尚非全反傳統，譚嗣同和國粹學派也都曾提出以復古而重振周、孔之法或國學的思路。參見羅志田：《中國文藝復興之夢：從清季的「古學復興」到民國的「新潮」》，《漢學研究》20卷1期（2002年6月）。

23 鄧實：《雞鳴風雨樓民書‧民智》，《政藝通報》甲辰6號，5張；劉師培：《古學起源論一》，《國粹學報》第1年（約1905）8期。彼時進化論已傳入中國，而諸子學也已興起，兩者的共性是將初民時代描述得較原始（與黃金「三代」說不同），則君民共同尊人鬼崇祖先本可是自然的行為，將其詮釋為「陰謀」顯然受到某種先入之見的影響。

德的預設，後者同樣可視為君主的「陰謀」。具有諷刺意味的是，這一反專制、反迷信思路的背後仍隱伏著君主之「雄才」遠高於人臣的見解，其實不過是換一種方式表述「君王聖明」的傳統觀念。[24]

一九○二年宋恕代瑞安演說會擬章程，其中的「禁演律」即包括「不許盲貶唐虞、三代」和「不許盲貶孔教、佛教」，可知當時對傳統的攻擊已呈向全面發展的態勢。宋恕認為，「道德一線全恃孔教、佛教綿延，豈可盲貶」。更發人深省的是他關於為什麼不能「盲貶唐虞、三代」的解釋：「今我國之政法禮教風俗大都起於元、明以後，於宋前且絕少相涉，何況唐虞、三代！談新者多盲貶，宜禁其於會所妄演。」[25]

「盲貶」一詞原本意味著有理由的「貶」或可允許，宋恕這一解釋進而提示出試圖抑制反傳統者也對傳統持相對保留的態度，他顯然承認當時存在的「我國之政法禮教風俗」並不高明，不過不應由「唐虞、三代」負責罷了。而「三代」被「盲貶」提示著一種傾向的出現：貶斥傳統者既然無須具體，則被貶的對象大約也只是某種象徵而已。連以前幾乎神聖的「三代」都可以隨意貶斥，餘者就更不在話下。

馬君武在次年論證中國學術無用時便說：「程、朱小儒，眼孔如豆，盛張謬說……陸、王之以禪學虛空率天下者，更無論矣。」[26] 在

---

24 正因國粹學派多學養深厚，他們有意無意將中國傳統「專制化」的努力相當成功。許多年之後，錢穆在北大想開中國政治制度史一課，歷史系主任陳受頤不允，認為「中國秦以下政治，只是君主專制，今改民國，以前政治制度可勿再究」。錢穆：《八十憶雙親‧師友雜憶》，北京：生活‧讀書‧新知三聯書店，1998年，169頁。

25 宋恕：《代擬瑞安演說會章程》（1902年12月），胡珠生編：《宋恕集》，北京：中華書局，1993年，上冊，353-354頁。

26 馬君武：《新學術與群治之關係》，《馬君武集》，莫世祥編，武漢：華中師範大學出版社，1991年，197-198頁。

中國思想史、學術史上舉足輕重的程、朱在馬君武眼裡已成眼孔如豆的「小儒」（按如此則可謂「大儒」者實亦甚寡），而陸、王更不足論，這當然不排除馬氏受到清代漢學家反理學傾向的影響，然其在西方「新學術」參照下對中國傳統的整體輕視是非常明顯的。從「三代」到程、朱、陸、王都可棄之如敝屣，中國傳統漸成一負面整體的傾向已見端倪。

從譚嗣同到國粹學派的觀念提示著一種把中國傳統兩分的思路。[27] 本來若新與舊或過去與未來不過是同一歷史進程中的兩段，它們或不必那樣衝突或對立。唯注重歷史的思路既可以支持從「過去」中尋找思想資源的取向，也可支持將現狀的不如意歸咎於歷史，從而促成反傳統的傾向。清季鼓吹「國魂」的蔣方震特別強調其「本之於特性，養之於歷史」的一面；他同時指出，「中國之惡習慣，殆與吾之所謂國魂類。彼亦養之於歷史，彼亦根之於特性，彼更有無數惡魔盡力以為天下倡。是故習慣不去，國魂不來」。所謂「復古云者，蓋掃除其惡習慣而復古人創業之精神是也」。[28] 傳統既然被兩分，掃除惡習慣和復古人創業之精神遂能並存於迴嚮往昔之中。

黃節在一九○二年觀察到，當時「愛國者」有三派：一為「盲信己國派，此派以己國所有者，視為至上無極，不知己國之外更有世界」。二為「無視己國派，此派以己國所有者，視為一無足取，一唯他國是崇拜，而不知國粹之為何義」。第三派則「深知己國之長短。己國之所長者，則崇守之；己國之所短者，則排斥之，崇守排斥之

---

27 把中國傳統兩分的觀念在清季相當流行，如鄧實等人所論「國學」與「君學」之別、伍莊所謂「君尊」與「民德」之分，以及宋恕所說的「國粹」與「國糠」並存等。參見羅志田：《從無用的「中學」到開放的「國學」：清季國粹學派關於學術與國家關係的思考》，《中華文史論叢》第65輯（2001年5月）；《溫故知新：清季包容歐化的國粹觀》，《中華文史論叢》第66輯（2001年9月）。

28 飛生（蔣方震）：《國魂篇》，《浙江潮》第1期，6、15-16頁（文頁）。

間，時寓權衡之意，不輕自譽，亦不輕自毀」。他以為，「由前一派，則易生自慢心，而有增長國惡之患；由後一派，則易生自棄心，而有蹂躪國粹之慮」。但在當時之過渡時代，與其不及，毋寧過之。「國粹稍損，尚有恢復之望。國惡日長，將有危亡之虞。得百自譽者，不如得一自毀者，其猶有進步之望也」。[29]

不過，在中西學戰實際存在的情形下，有時面對西學挑戰的「中學」不能不作為一個整體出現，此時「自譽」和「自毀」大致也成為整體性的，很難先將「國惡」或「君學」從整個「國學」中區分出來進行自毀。黃節當然希望避免這樣的選擇，但若不得不在「自譽」和「自毀」之間做出選擇的話，主張對傳統持「權衡」態度的他仍寧選對「國惡」進攻的破壞取向，雖有損國粹而不顧。這樣一種對傳統傾向於批判的「權衡」大致也可在國粹學派其他人的表述中看到。

蔡元培在日俄戰爭時便有全面徹底反傳統的想法，他發現那時的中國人多愛家不愛國，但「並不能專說人心不好，實在有許多老法子，把他束縛住了！如今要把老法子統統去掉，另定一個章程」。[30] 清季在巴黎的中國無政府主義者更明言「歷史」妨礙了吸收「新文明」這一當前急務，希望整體地割棄「歷史」。[31] 進入民國後這樣的整體觀日益增強，遂出現陳獨秀所謂舊事物皆「一家眷屬」之論，仍重在「自毀」一面。

---

29 本段與下段，黃節：《愛國心與常識之關係》，《壬寅政藝叢書·政學文編卷五》，臺北：文海出版社影印，184頁。

30 蔡元培：《新年夢》（1904年2月），高平叔編：《蔡元培全集》（1），北京：中華書局，1984年，233頁。按「老法子」後來成為傳統的負面代名詞，魯迅就曾說整理國故是「新思想中了『老法子』的計」。「魯迅致徐炳昶」，1925年3月29日，《魯迅全集》（3），25頁。

31 詳見羅志田：《清季圍繞萬國新語的思想論爭》，《近代史研究》2001年4期。

三 民初傳統的負面整體化

　　清季士人在思考和對待中國傳統時多試圖區分而處理之，即不同程度地承認中國傳統有不如人意的一面，然多少還希望挖掘甚至重建出可以借鑒的正面思想資源；而他們眼中的「西方」這一學習的榜樣，則愈來愈成為一個充滿虛懸想像的美好整體。那時流行的「中學為體、西學為用」觀念可以說是這一思路的典型表述。民初人正相反，其認知中「西方的分裂」是個非常明顯的現象（但分裂後不同的「西方」仍主要是學習的榜樣），[32] 與此進程相對立，許多讀書人越來越將傳統視為「一家眷屬」，出現一種負面意義為主的「中國整體化」趨勢。[33]

　　這當然不是否認清季士人的認知中已出現中西新舊的整體性對立，但從清季到民初確有一些微妙的演變：清季的國粹學派對今日所謂中國文化常有不同的稱謂，在涉及西學時便多稱「中學」，在單獨梳理自身源流時則多稱「國學」。而民初的新文化人在「西方分裂」的同時又創造性地發展出「世界」這一取代「西方」又往往等同於「西方」的新概念，[34] 其時間意義常強於其空間意義，故與民初另一流行詞彙「現代」也多能替換使用（與此相類，「現代」對於民初人甚至一些今人都不僅具有時間意義，也包括空間意義，即指謂「西方」）。

---

32 參見本書《西方的分裂：國際風雲與五四前後中國思想的演變》。

33 這只是就傾向性大體言之，特定人物在不同語境下的具體論述未必皆可納入這樣的類型區分。

34 這不是指「世界」這一詞彙的出現，我所討論的概念更多是一種約定俗成的「認知」而非嚴格的界定，但其延續力也非常強。直到二十一世紀的今天，我們的言說中還相當流行「中國文學」或中國的什麼「進入世界」的說法，而學校系統中講授的「世界史」、「世界經濟」等仍不包括中國部分。

　　民初士人更多從中國視角出發來看待和表述中西新舊的整體性對立。與譚嗣同將「周孔之法」與「暴秦弊法」區別對待不同，新文化人在攻擊傳統「專制」時喜歡將焚書坑儒與禮教名教並論，論及後者時又多援引清季人關於君主以利祿誘人之說；其實兩者在歷史上固代表兩種不同甚至截然相反的取向，在抽象的學理上也同樣對立，很難並而論之。過去對立的東西現在成為一體，其「共性」即在於它們都是既非「西方」又非「現代」的。故中國傳統的整體化不僅是負面的，其「成立」也是反向的，即借助了「世界」這一兼具「西方」和「現代」的時空參照物。

　　循此思路，民初士人認知中現代與傳統、國家/民族與文化/學術總呈對立的一面，而其基礎恰是清季已出現的「教」既不能保人也不能保國的觀念。魯迅引用他「一位朋友」的話說：「要我們保存國粹，也須國粹能保存我們。」他強調，「保存我們，的確是第一義。只要問他有無保存我們的力量，不管他是否國粹」。[35] 這裡原本的意思，如果「國粹能保存我們」，也是不必反對而且可以接受的；但後來的發展卻是先認定既是「國粹」便「不能保存我們」，且有礙於「保存我們」，故必全面徹底打倒推翻。

　　有意思的是，反傳統者或那些希望傳統中斷者卻又最能看見傳統的存在及其力量，他們確實感知到「傳統」或「歷史」的沉重壓力，必打倒而後中國可新生。這看上去矛盾之處正是理解時人心態的關鍵，應仔細分析。一方面，傳統的壓力在很多時候具有相當程度的虛懸想像（imaginary）意味；[36] 但至少對新文化人來說，他們認知中來自傳統的壓力，卻又是相當「實在」的。

35　魯迅：《熱風‧隨感錄三十五》（1918年），《魯迅全集》（1），305-306頁。
36　說詳羅志田：《林紓的認同危機與民初的新舊之爭》，《歷史研究》1995年5期。

　　杜亞泉在一九一五年說，「辛亥之革命，即戊戌以來極端守舊思想之反動；近日之復古，亦辛亥以後極端革新思想之反響也」。[37] 袁世凱任總統後，社會上確可見明顯的復舊傾向。[38] 陳獨秀就把當時舊派試圖立孔教為國教的努力看作一種進攻性的壓力，他提倡倫理道德革命正是對此的反應。[39] 稍後《國民公報》一篇署名「毋忘」的文章說，「民國三四年的時候，復古主義披靡一世。什麼忠孝節義、什麼八德的建議案，聯篇累牘的披露出來，到後來便有帝制的結果。可見這種頑舊的思想，與惡濁的政治，往往相因而至」。[40]

　　梁啟超後來總結新文化運動說，時人因辛亥鼎革後「所希望的件件都落空，漸漸有點廢然思返，覺得社會文化是整套的，要拿舊心理運用新制度，決計不可能，漸漸要求全人格的覺悟」。想像的傳統壓力和時人認知中傳統的整體性導致話語權勢的爭奪也成整體性的，不僅要主動進攻，而且明知對方未必錯也不能有絲毫示弱，以避免一退就全輸。梁啟超注意到那時「馬克思差不多要和孔子爭席，易卜生差不多要推倒屈原」。[41] 而魯迅即以易卜生這一新權威所說的「All or nothing」（他自己的翻譯是「全部，或全無」）一語，相當形象地表述了時人認知中現代與傳統、世界與中國的整體性對立。[42]

37　杜亞泉：《論思想戰》（1915年），《杜亞泉文選》，169頁。

38　參見羅檢秋：《近代中國社會文化變遷錄》，第3卷，劉志琴主編，杭州：浙江人民出版社，1998年，67-70、135-143頁。

39　陳獨秀的原話是：「孔教問題，方喧呶於國中，此倫理道德革命之先聲也。」參其《文學革命論》，《新青年》2卷6號（1917年2月1日），10頁（文頁）。

40　毋忘：《最近新舊思潮衝突之雜感》，原刊《國民公報》，錄在《每周評論》，人民出版社1954年影印，17號（1919年4月13日），「特別附錄」1版。這裡對「舊思想」與「惡政治」相互關聯的強調是當時不少人反傳統的一個重要出發點，詳後。

41　梁啟超：《五十年中國進化概論》，《飲冰室合集·文集之三十九》，北京：中華書局，1989年影印，45頁。

42　魯迅：《熱風·隨感錄四十八》（1919年），《魯迅全集》（1），336-337頁。他自己的譯文見其《在現代中國的孔夫子》，《魯迅全集》（6），313頁。

　　梁啟超這一總結的確切性可從新文化運動主將陳獨秀的類似表述中看出，陳氏認為，「舊文學、舊政治、舊倫理本是一家眷屬，固不得去此而取彼」。傳統既然是個整體，就必須全面反對。即使孔教並非「無一可取」，也不能不徹底否定之。且孔教「根本的倫理道德適與歐化背道而馳，勢難並行不悖。吾人倘以新輸入之歐化為是，則不得不以舊有之孔教為非」。蓋「新舊之間絕無調和兩存之餘地」，若「倫理問題不解決，則政治學術皆枝葉問題。縱一時捨舊謀新，而根本思想未嘗變更，不旋踵而仍復舊觀」。[43] 據陳獨秀的思路，孔教之不能不「非」其實產生於歐化之「是」。

　　類似觀念那時相當流行，一般都認為中國學問主通而不主專，如傅斯年晚年即說「中國學問向以造成人品為目的，不分科的」；而「學術既不專門，自不能發達」。[44] 可是他的同學顧頡剛在一九二三年卻認為，「中國的社會和學術界看各種行業、各種學問、甚而至於各種書籍，差不多都是孤立的，可以不相謀，所以不能互相輔助以求進步」。[45] 兩人的看法適相對立，中國學問既不「專門」而又「孤立」，且都造成不「發達」或不「進步」，兩方面或皆可舉出一些例子，到底還是有點矛盾。其實他們可能都是以西學為座標在對照，「專門」要像西學那樣分科，相通也要像西學那樣有「系統」。這是一個典型例子，如果西學為「是」，中學便不能不「非」。[46]

43 陳獨秀：《復易宗夔》（按此函發表時原與胡適共同署名），《新青年》5卷4號（1918年10月），433頁；答佩劍青年，《新青年》3卷1號（1917年3月），11頁（通信欄頁）；《憲法與孔教》，《新青年》2卷3號（1916年11月），4頁（文頁）。

44 傅斯年：《改革高等教育中幾個問題》，《傅斯年全集》，臺北：聯經出版公司，1980年，第6冊，22頁。

45 顧頡剛：《鄭樵傳》，《國學季刊》，1卷2號（1923年4月），315頁。

46 有意思的是，這一整體化的思路也影響到一些守舊者，據馮友蘭回憶，辜鴻銘在一九一五年北大開學典禮上演說，便謂「現在的東西都不對，例如『改良』這個字眼

　　魯迅也認為新舊不能調和，否則就像今人約了燧人氏以前的古人合開飯店，「即使竭力調和，也只能煮個半熟；夥計們既不會同心，生意也自然不能興旺，──店鋪總要倒閉」。他引用黃郛關於中國人開新而不棄舊的「二重思想」後說，「要想進步，要想太平，總得連根的拔去了『二重思想』。因為世界雖然不小，但彷徨的人種，是終竟尋不出位置的」。[47] 其實中國「四面八方幾乎都是二三重以至多重的事物，每重又各各自相矛盾」的情形正是實況，而試圖「連根的拔去了『二重思想』」只能是理想。魯迅和主張「舊染不去，新運不生」的黃郛，大致都存一種新舊不兩立的「All or nothing」心態。

　　在魯迅看來，清季的「中體西用」之不能成立，正在其體現了一種折衷中西的取向。晚清學外國「維新以後，中國富強了，用這學來的新，打出外來的新，關上大門，再來守舊」。這不過「是學了外國本領，保存中國舊習。本領要新，思想要舊。要新本領舊思想的新人物，駝了舊本領舊思想的舊人物，請他發揮多年經驗的老本領」。但「世界上絕沒有這樣如意的事」，企圖「上午『聲光化電』，下午『子曰詩云』」是不可能的。而且「外國的新事理，卻愈來愈多，愈優勝，『子曰詩云』也愈擠愈苦，愈看愈無用」。[48] 結論很明確，新舊中西不能調和，中學又不敵西學，中國只有西向一條路。

　　陳獨秀其實承認「新舊因調和而遞變，無顯明的界線可以截然分離，這是思想文化史上的自然現象」。新與舊「不但在時間上不能截然分離，即在空間上也實際同時存在：同一人數〔類？〕中，各民族

就不通。只聽說妓女要從良，現在卻要改良，你要改良為娼嗎」？馮友蘭：《五四前的北大和五四後的清華》，全國政協文史資料委員會編：《文史資料選輯》，第34輯，3頁。

47 魯迅：《熱風‧隨感錄五十四》，《魯迅全集》（1），344-345頁。

48 魯迅：《熱風‧隨感錄四十八》，《魯迅全集》（1），336-337頁。

思想文化的新舊不能用時代劃分；同一民族中，各社會各分子思想文化的新舊，也不能用時代劃分」。但「客觀的自然現象，不能當做主觀的故意主張」。抱「改良社會志願的人」應該關注的是比較「新的和舊的實質上的是非」，可以承認和悲憫這「萬有不齊新舊雜糅的社會現象」，卻不能「把他當做指導社會應該如此的一種主義主張」來宣揚，否則便是助紂為虐，會誤盡蒼生。[49] 他的意思很清楚：明知新與舊客觀上實際不能截然分離，為了「改良社會」也不能不在主觀上提倡破舊立新。

蔣夢麟曾說，「新思想是一個態度，這一個態度是向那進化一方面走的」。[50] 這真是對趨新派的最好概括，「態度」領先確實是當時趨新者的寫照；正因此，就特別強調與對立者不妥協。在此「態度」領先的鬥爭情緒影響下，有時可能忘掉其所批判的真正目標何在，甚至走到對立一面去。

魯迅就試圖徹底祛除「二重三重以至多重」的思想而達成一種趨新的「一重思想」，這正是清季人已強烈譴責的「定於一尊」的思想「專制」。民初反傳統的趨新士人在繼承清季人對思想「專制」的批判方面可以說是有過之而無不及，這恐怕還是他們否定傳統的最主要思慮之一，然其竟無意中落入他們所激烈反對的「定於一尊」的傳統窠臼，真是絕大的諷刺。

同樣因「態度」領先，新文化人有時無意中會以雙重標準對待新

---

49 陳獨秀：《隨感錄·調和論與舊道德》，《新青年》7卷1號（1919年12月），116-117頁。
50 蔣夢麟：《新舊與調和》（1919年），收入其《過渡時代之思想與教育》，臺北：世界書局，1962年，17頁。沈雁冰曾說，他「知道『整理舊的』也是新文學運動題內應有之事，但是當白話文尚未在全社會內成為一類信仰的時候，我們必須十分頑固，發誓不看古書；我們要狂妄的說，古書對於我們無用」（沈雁冰：《進一步退兩步》，《茅盾全集》（18），北京：人民文學出版社，1989年，445頁）。這應該就是趨新者「態度」領先的一個典型表述。

舊雙方。前引毋忘關注「舊思想」與「惡政治」的相互關聯是不少時人反傳統的一個重要出發點，新文化人始終對此特別警惕，如林紓在小說中稍露對「偉丈夫」的期盼，便引起當時所有新派的關注。[51] 錢玄同也說，他本不十分趨新，「自洪憲紀元，始如一個響霹靂震醒迷夢，始知國粹之萬不可保存，糞之萬不可不排泄」，[52] 乃走上激烈反傳統之路。但是，新文化人卻並不反對以「好政治」扶持「新思想」：民國元年蔡元培任教育總長時以政府權力廢小學讀經，一九一五年袁世凱政府又恢復之，兩皆以政治力量影響教育，而趨新者對後者極為不滿，群起而攻之，似很少見到他們攻擊前者。

到一九三六年，日本侵略的威脅已十分直接，北大教授陳受頤仍看到「傳統/文化」與「現代/民族」的對立和不能共存，他針對當時再次出現的提倡讀經等現象說，「我們唯一路向是往前走，是自新。『敝帚自珍』的態度是於『空前國難』毫無補益的」。他以新的術語重申梁啟超和魯迅的話：要「想保存舊文化，先要舊文化能保存我們」。在他看來，民族是「青山」，而文化是山上的「柴」，有青山即不患無柴，「只要民族康強前進，將來自有超越往古的新文明」。[53]

新文化人之所以有這樣超乎尋常的自我批判能力，在國難當頭時還可以如此激烈地反傳統，並公然認同於西方而沒有多少內心不安，因為他們自覺其正在為中國再造文明，面向著一個光明的未來。[54] 這樣一種樂觀心態是以摒棄往昔為基礎的，陳獨秀在一九一六年初提出，在新的一年裡要「一新其心血，以新人格；以新國家；以新社

---

51 參見羅志田《林紓的認同危機與民國的新舊之爭》，《歷史研究》1995年5期）。

52 錢玄同：《答陳大齊〈保護眼珠與換回人眼〉》，《新青年》5卷6號（1918年12月），627頁。

53 陳受頤：《西洋漢學與中國文明》，《獨立評論》，189號（1936年4月26日），11頁。

54 說詳羅志田：《古今與中外的時空互動：新文化運動時期關於整理國故的思想論爭》，《近代史研究》2000年6期。

會；以新家庭；以新民族。必迨民族更新，吾人之願始償」。他的願望是什麼？即獲得「與晰族周旋之價值」和「食息此大地一隅之資格」，可知陳氏此時尚不脫清季民族主義的思緒。但他強調：「自開闢以訖一九一五年，皆以古代史目之。」[55] 去年即成「古代史」，其「除舊布新」的堅決真可謂前所未有。

四　餘論：傳統的不固定性

　　恩格斯批評近代西方歷史領域中的「非歷史觀點」說：由於「反對中世紀殘餘的鬥爭限制了人們的視野，中世紀被看作是由千年來普遍野蠻狀態所引起的歷史的簡單中斷；中世紀的巨大進步——歐洲文化領域的擴大，在那裡一個挨著一個形成的富有生命力的民族，以及十四和十五世紀的巨大的技術進步，這一切都沒有被人看到。這樣一來，對偉大歷史聯繫的合理看法就不可能產生。」[56] 這一觀察非常適合於理解近代中國人的心態及其對傳統的態度，近代人甚至許多今人是否因其在意識層面反對傳統的「專制」、「迷信」或所謂「封建殘餘」的努力而「限制了視野」，從而對其不願看見的中國文化的非負面因素視而不見呢？

　　陳獨秀或即代表著「非歷史」的傾向，而一些繼承章太炎歷史觀的學者同樣強調反傳統。聞一多早年便主張「不忘其舊」，那時是想要「振興國學」；到抗戰後期仍以為「現代」是「歷史的延長」，故包括在「歷史」之內，然態度卻迥變。他與昔日學生臧克家的一段對話

---

55 陳獨秀：《一九一六年》，《新青年》1卷5號（1916年1月），2頁（文頁）。
56 恩格斯：《路德維希・費爾巴哈和德國古典哲學的終結》，《馬克思恩格斯選集》，第4卷，225頁。按恩格斯這一觀察真是卓見，二十世紀最後二、三十年間歐洲史研究最大的突破正在所謂中世紀晚期和早期近代那段過渡時期，且總體的傾向恰是否定中世紀的「黑暗」並肯定其「進步」。

頗具象徵性：臧是典型的傳統負面整體論的接受者，故反對老師研究
「故紙堆」；聞則繼承了蔣方震關於歷史蘊含著正負兩面資源的觀
念，並因此強化了反傳統的決心。他告訴臧氏，「在你所詛咒的那故
紙堆內討生活的人原不只一種，正如故紙堆中可討的生活也不限於一
種。⋯⋯你誣枉了我，當我是一個蠹魚，不曉得我是殺蠹的芸香」。
其實「我比任何人還恨那故紙堆，正因恨它，更不能不弄個明白」。
因為「我始終沒有忘記除了我們的今天外，還有那二三千年的昨天；
除了我們這角落外，還有整個世界」。[57]

　　新文化運動時反傳統頗激烈的北大學生傅斯年到晚年心態已較平
和，故能明確指出：「傳統是不死的。在生活方式未改變前，尤其不
死。儘管外國人來征服，也是無用的。但若生產方式改了，則生活方
式必然改；生活方式既改，傳統也要大受折磨。中國的生產方式是非
改不可的，無論你願意不願意；時代需要如此，不然的話便無以自
存。所以我們一方面必須承認傳統的有效性，同時也並不能不預為傳
統受影響而預作適應之計。」[58] 今日中國的生產方式和生活方式都正
在發生遠更激烈的改變，也許傅斯年的話仍值得我們深省。

　　根據章太炎關於歷史是一個從過去到未來的發展進程的看法，傳
統本身也是處於持續變化之中的。[59] 如果將傳統簡單定義為「過去的

---

57 聞一多：《論振興國學》（1916年），《聞一多全集》（2），武漢：湖北人民出版社，
　 1993年，283頁；「致臧克家」，1943年11月25日，《聞一多全集》（12），380-382頁。
　 在聞氏晚年的認知中，「歷史」仍然不僅是負面的。他主張詩人也應懂得歷史，因
　 為世上沒有「比歷史更偉大的詩篇」，他「不能想像一個人不能在歷史裡看出詩
　 來，而還能懂得詩」。可注意的是聞氏在此信中自我定位說，「今天的我是以文學史
　 家自居的，我並不是代表某一派的詩人」。在這樣的身份認同下，他稱臧克家為
　 「你們做詩的人」。

58 傅斯年：《中國學校制度之批評》，《傅斯年全集》，第6冊，124-125頁。

59 不過具體到某一民族或文化的傳統，則有著與該民族的遷徙和該文化的傳播大致相
　 應的空間限制。

文化和習俗」，[60] 則其至少是發展的：對每一代人來說，理論上傳統
應是在不斷增加的；[61] 實際上，它當然也可能「減少」。一些過去時
代中重要的因素可以在沒有什麼政治權勢壓制的情形下在集體歷史記
憶中不知不覺地「消失」，則傳統在「減少」方向上的變化是「可
知」或「可見」的；但已經「消失」的東西無形中又「復活」也並非
稀見的現象，則在此意義上傳統似又並未「減少」。惟對特定時空的
個人和群體來說，傳統的確可以看起來是有增有減。在一定程度上，
甚至可以說傳統既是發展延續的，又是時常間斷而不連續的，至少在
人的認知中或群體的行為中不時表現出不連續性。

　　本文所說的傳統斷裂，就是在充分認識到傳統的不固定性的基礎
上來討論的。傳統的斷裂主要是指這樣一些現象：過去一般人的常識
後來可能需要接受專門的高等訓練才能夠理解和接受，過去常見的事
物也許變為（實際是被認為）稀見，過去極平常的事反而成為帶突破
性的舉動，本來人皆可為之事竟然成為「思想解放」的對象，重複前
已存在的舉措卻自認是在「革命」，或批判前人卻實際在繼承批判對
象的觀念和取向，等等。後兩者既體現出傳統的明顯斷裂，又提示出
傳統的無意識傳承，反傳統傾向從清季到民初的傳承就是顯例：清季
主張保存國粹的士人無意中為民初反傳統者預備了思想武器，但五四
新文化人並不認為他們是在繼承前人未竟的事業，他們在許多時候根
本把國粹學派當作批判的對象。

60　這一定義當然是不精確的，實際上，文化、習俗和傳統三個概念都可以用包羅萬象
　　來形容，以如此涵蓋寬廣的概念來簡單互訓實出於不得已，也只宜在盡可能寬泛的
　　意義上去理解和認識。

61　故十九世紀的西潮可以成為二十世紀的「中國」之一個組成部分，新文化運動時西
　　向知識分子攻擊傳統時常常提到的鴉片和人力車便是西人帶來的，舶來品竟然成了
　　中國傳統的負面象徵，便最能體現西潮已成「中國」之一部。這是近代中國一個特
　　殊的然而也是有代表性的現象，迄今餘波不息。參見本書序言。

　　「禮失求諸野」的古訓最能表述傳統之斷裂與傳承並存的雙重意味：有正統的衰落就有邊緣的興起，而正如馬克思所說，「陳舊的東西總是力圖在新生的形式中得到恢復和鞏固」；[62] 在反傳統本身成為具有正統意味的主流之時，昔日的邊緣在成為新正統時無意中以新形式「復興」了一些過去居於正統而已衰落的舊傳統。[63] 這樣一種弔詭性的發展演化進程，恰印證了傅斯年所謂「傳統的有效性」。同時，「禮失求諸野」的「求」字又反映出人為的力量和有意識的努力並未被否認，每一代人其實都在傳統的制約中繼承、揚棄、甚至（為後人）創造傳統。[64] 既然傳統「不死」，後人既可從「傳統」中尋找思想資源，也可因「傳統的有效」而進一步反傳統，傳統的不固定性正蘊涵著其開放的一面。

原刊《中華文史論叢》第72輯（2003年6月）

---

62 馬克思致弗・波爾特，1871年11月23日，《馬克思恩格斯選集》第4卷，394頁。

63 清代漢學最強調的考據到新文化運動後因「科學」的正名而長期占據民國文學講壇，就是一個顯著的例證，參見羅志田：《文學的失語：「新紅學」與文學研究的考據化》，《中華文史論叢》第70輯（2002年12月）。

64 馬克思有一句話已為多人引用，還值得引用在這裡：「人們自己創造自己的歷史」，但又是「在直接碰到的、既定的、從過去承繼下來的條件下創造」歷史。馬克思：《路易・波拿巴的霧月十八日》，《馬克思恩格斯選集》第1卷，603頁。

西方的分裂：國際風雲與五四前後中國思想的演變

今年是五四學生運動八十週年，本文從反思角度考察五四新文化運動（除非特別指明，本文所說的五四運動均不僅僅指一九一九年的學生運動）時期形成的一些基本傾向在此後大約一二十年的後五四時期裡的演化和轉變，特別側重第一次世界大戰及其後的國際環境對中國思想界的影響。這方面深入具體的個案研究似尚不多，全面的史實重建非一文所能為，本文試將當時中國思想置於近代中國思想演變的長程與五四前後的中外互動這一縱橫大框架中作一概論性的申述（其中一些內容詳見已刊發的拙文，另外一些則非一兩萬字能透徹討論）。因係概論性質，不免有述而不著的意味，一些以史料為主的論證只能俟諸另文了。

一　引言：西方的分裂

所謂「西方」，本是既可視為整體又可不視為整體的區域文化實體。可是十九世紀末二十世紀初的中國士人多是把西方視為一個整體，那時所有西來的「主義」，基本上都被看作這個整體的一部分，而且都是這個特定的更新更美好的整體的一部分。[1] 直到第一次世界大

1　參見羅志田《傳教士與近代中西文化競爭》，《歷史研究》，1996年6期。

戰，西人自己打起來了，提供美好未來希望的藍本自身出現大問題。不少中國人這才發現「西方」在分裂、在破產，已不是一個整體；戰爭的殘酷使許多曾經趨新的中國人如嚴復、梁啟超等對西方有所失望，從清季開始輸入的西方新學（包括其所主張的體制）也稍失信用。[2]

梁啟超在「一戰」後對東西文化的反思已引起較多的注意，在引進西學方面同樣甚有貢獻的嚴復在歐戰後也有類似的觀感。他晚年在何遂的觀歐戰紀念冊上題絕句五首，其一云：「太息春秋無義戰，群雄何苦自相殘。歐洲三百年科學，盡作驅禽食肉看。」嚴自注說：「戰時公法，徒虛語耳。甲寅歐戰以來，利器極殺人之能事，皆所得於科學者也。孟子曰：『率鳥獸以食人』，非是謂歟？」[3] 他顯然像梁一樣看到科學在人的手中可能造成的破壞，且無意中帶點以「夷狄」視西方的意味。

「西方」在中國的分裂也有中國內在的因素，而且時間還稍早於第一次世界大戰。陳志讓已注意到「國內立憲的中華民國的鬧劇和國外第一次世界大戰的災難」，都是西方給反對「新文化激進主義」者提供的彈藥。[4] 晚清人心目中「西方」及其體制的美好，部分正建立在其虛懸的成分上。到民國後中國人已有機會實施議會方式的民主制，尊西的新派即面臨一個當下的考驗。民初國會的無效率和腐化皆不讓晚清政治，民國政治反不如清成為包括孫中山在內的大量士人的共同陳述。結果，在中國人心目中「西方」不再是一個整體的「美好新世界」，而是良莠並存（當然對多數中國士人而言仍是學習的榜樣）。

---

2 就是《新青年》的同人陶孟和在此時到歐洲，對西方政制也有失望的感覺。參見陶履恭：《游歐之感想》，《新青年》，7卷1號（1919年12月），49-55頁。

3 此詩由何遂示陳衍，黃濬錄之，見黃濬《花隨人聖庵摭憶》，上海：上海古籍書店，1983年，97頁。

4 陳志讓：《思想的轉變：從改良運動到五四運動》，費正清編《劍橋中國史》，第12卷，北京：中國社會科學出版社，1993年中譯本，415頁。

在「西方」分裂的同時，中國與實際為西方所主導的「世界」的關聯卻日益緊密。從馬克思主義得到靈感的伍啟元認為：「在我們的時代，蒸汽機和火輪船已把整個世界打成一片，我們再休要夢想我們可以離開世界而生存、我們可以超出帝國主義的世界而獨立。」近代「客觀的條件已使中國不能閉關自守」，如果「站在整個世界的立場來說，無疑地中國已是國際資本主義經濟制度下的一個構成者了」。結果，中國「現代社會變革的一大特徵」即「國際資本主義者依照自己的模型改造中國」；而中國思想界的發展，也「全以西方資本主義文化的精神為中心」，即中國學術思想「以迎拒西洋資本主義制度和它底文化精神為核心」。[5]

那時外部國際環境的變化對中國的影響是明顯的，一方面日本在華影響因「二十一條」而衰落，另一方面俄國革命在世界範圍內另立山頭，此時對西方文化了解較多即知道「西方」之中本有許多歧異的留美學生開始較大規模地返國，西方的不一致性遂在中國得以凸顯。伍啟元注意到：「社會主義的蘇俄宣告成立，中國社會的變革就因而更覺複雜。」[6] 如果說伍氏就此提出的馬克思主義解釋對一般人或太抽象，不久蘇俄使館在北京的建立卻是人人可見的一個具體實物象徵，以條約為表徵的帝國主義在華體系已被打破，「西方」的確是分裂了。當然，造成「西方」在中國人心目分裂最主要的原因，還是西方人自己在一次大戰後也開始反省自己的文明。

可以說，西方的分裂是二十世紀中國思想史上一大變化。對多數中國人來說，以前「西方」基本是個整體，主張或反對學西方者大致

5　伍啟元：《中國新文化運動概觀》，上海：現代書局，1934年，175、11、25頁。伍啟元是較早系統研究新文化運動並寫出專著的學者，他的成果長期受到學界忽視，其實很值得關注。

6　伍啟元《中國新文化運動概觀》，176頁。

均如此認知（他們均關注中與西的對立或對應關係）；試圖將西方分而學之的取向實踐上雖不斷在做，但理論上卻一直未能成功確立。「西方」分裂之後，即使是尊西趨新的士人也開始意識到「西方」是個複合體，即西方模式有好有壞，至少有不適合於中國者；不同的源自西方的「主義」此時開始具有非常不同的意義，中國人學西方的選擇性明顯增強。

此後中國人談西方，即與前大不相同。即使同一個人談西方，也有所不同。如梁啟超此前此後的轉變，很大程度上正由於原為一體的「優越西方」本身已「變」；此前他鼓吹了許多資本主義內容，是作為「優越西方」之一部，而不是西方一種分立的思想；此後他越來越反對資本主義，卻是反對那好壞兼半的西方的不好的一面，亦即作為西方一種分立的思想或主義在反。不過，梁啟超雖然主張西方的一部分已出問題，他仍想要學習西方未出問題那一部分。西方既然不是一個整體，則中國人當然只選擇更好的那部分來學習，於是有學習榜樣的轉化和不同的西方「主義」在中國的競爭。

二　學習榜樣的轉變

晚清的中國民族主義兼排滿與反帝兩面，辛亥革命倒清之後，民族主義情緒隨之似有所緩減。一九一五年日本提出「二十一條」這樣的險惡要求，再次向中國人民提醒了帝國主義侵略威脅的存在，中國的民族主義情緒衰而復盛，成為二十世紀中國政治中一個決定性的推動力量。五四學生運動實際也是這股風氣繼「二十一條」時的反日運動後的一次更大爆發。[7]

7　以下關於「二十一條」的討論，參見羅志田《「二十一條」時期的反日運動與辛亥

　　一九一五年的反日救亡運動有一個特點，即對「國恥」前所未有的強調，此次事件實為中國人心目中日本形象根本轉變的一個里程碑。如果說以前中國人對日態度是好惡參半、憎恨中夾有羨慕的話，到「二十一條」之時，憎恨達到高峰而羨慕已降到最低點。在這次事件之後的中國政治和中國社會中，已基本沒有什麼公開的「親日」力量。雖然日本在中國軍界、政界、財界甚至文壇，都還有巨大的不容忽視的影響，在一九一五年後仍一些政治人物還在繼續尋求並得到日本的支持。但是這些人均試圖掩蓋或甚而否認其與日本的關係，恰提示出日本在中國已無人緣，其影響力實際上已大大下降。

　　更為重要的是中國教育發展計劃的方向轉變。甲午以後，日本曾是中國變法維新的榜樣，中國士人競往日本求學。到一九一五年一月，教育總長湯化龍曾條呈「教育政策三十條」，即主張多選取青年子弟派往日本留學，其刷新中國教育的方向，仍擬師法日本。但是在「二十一條」事件後，湯化龍再擬定的《養成師範人材條陳》即已經改仿照德國制度。這個象徵性的轉向表明，日本已不再是中國學習的榜樣了。

　　就是有些日本人自己，也在檢討留日學生「多抱排日思想，對曾奉為師表者而首先反對之」的現象。先後留日的周樹人、周作人兄弟，一九一五年時在日本的李大釗、陳獨秀等，在五四期間都以反日著稱。他們都是五四新文化運動的主要人物，其思想中的救國方法不盡一致，但他們中沒有一個人著眼於走日本式的道路。在大量留日學生變得排日的同時，許多留美學生在這前後陸續回國並且發揮了重要的影響。顧維鈞在政界的迅速上升和胡適在學界的「暴得大名」，在某種程度上象徵著一種在那時還是潛在的權勢轉移——美國在華影響的上升和日本在華影響的下降。

五四期間的社會思潮》，《新史學》（臺北），3卷2期（1992年9月），具體的史料出處多已省略。

　　「二十一條」的提出使中國人擯棄了以日本為學習的榜樣，甲午中日戰爭後中國人向外國學習的大潮此後逐步由陳獨秀所說的「拿英美作榜樣」轉向「以俄為師」。前者是短暫的，後者則相對長久得多。美國在華影響的一度上升有多方面的因素，學者型的駐華公使芮恩施起到了相當大的作用，[8] 恰來中國講學的杜威頗具影響，而美國總統威爾遜提出的主張各民族自主的「十四點計劃」在中國更深得人心。這一切都在一九一九年的巴黎和會上發生了變化，和會的結果不但是五四學生運動的直接造因，更影響了中國士人選擇「學習榜樣」的長程轉移，最能體現國際風雲對中國思想的強大衝擊。

　　列強勢力因世界大戰而改變，巴黎和會提供了一個按勢力消長來重新劃分各國在世界秩序中地位的機會。和會同時面臨世界上第一個共產黨領導的國家俄國這一新事物對世界資本主義體制的強有力挑戰，俄國雖然未參加巴黎和會，卻存在於絕大多數與會者的頭腦中。當列寧對全世界勞動者描繪共產主義的美好未來時，威爾遜針鋒相對地提出了他著名的「十四點計劃」。兩人都提出了民族自決思想這樣一種國際秩序的新觀念，在不同程度上都反對既存的帝國主義國際秩序，所以兩者對受帝國主義侵略國家的人民皆有很大的吸引力。但雙方也存在對追隨者的爭奪問題，其關鍵就在於誰能真正實行民族自決的思想，或至少推動其實行。和會關於山東問題的最後決定使一度對美國的幫助寄予厚望的中國朝野大失所望，強烈地激起了中國人的民族主義情緒，五四學生運動因此爆發。

　　從學理方面看，新文化運動最顯著的標誌性口號是「賽先生」和「德先生」。我們今日提到「科學」首先聯想到的大概是數理化一類

8　Noel H. Pugach, *Paul S. Reinsch: Open Door Diplomat in Action*, New York: KTO Press, 1979.

學科，但五四人更注意的是科學的「方法」和「精神」。在時人眼中，胡適鼓吹的「實驗主義」和陳獨秀提倡的「辯證法的唯物論」，同為近世最重要的「科學方法」，三十年代研究五四新文化運動的學者多持此見。伍啟元認為：「實驗主義的引進，可以說是中國思想走上科學大路的新紀元。」陳端志也注意到，實驗主義「是五四時代最得中國知識分子信仰的一種主義」。更因「美國實驗主義的領袖杜威恰當五四運動時跑到中國來，實驗主義便趁著五四高潮，彌漫於全中國。」[9]

這個觀察大體不錯。胡適在一九二一年曾說：「自從中國與西洋文化接觸以來，沒有一個外國學者在中國思想界的影響有杜威先生這樣大的。」[10] 五四運動前後陳獨秀對民主（民治）和科學的理解便明顯受到胡適和杜威的影響，陳在一九一九年的《新青年》七卷一號的《本志宣言》中明確表示：「我們相信尊重自然科學實驗哲學，破除迷信妄想，是我們現在社會進化的必要條件。」在同一期發表的《實行民治的基礎》一文中，陳更喊出了他常為人引用的口號：中國要實行民治主義，應當「拿英美作榜樣」。他並指出，「杜威博士關於社會經濟（即生計）的民治主義的解釋，可算是各派社會主義的公同主張，我想存心公正的人都不會反對。」[11] 實際上，巴黎和會關於山東問題決定的最後落實已在五月四日以後相當一段時間，也許一些偏於「理性」的知識分子那時還在觀望世界局勢的發展，看是否出現有利於中國的轉機。陳獨秀上述言論都在五四學生運動爆發之後，他的態

9　伍啟元：《中國新文化運動概觀》，9、38頁；陳端志：《五四運動之史的評價》，上海：生活書店，1936年，有香港中文大學1973年影印本，328-330頁。

10　胡適：《杜威先生與中國》，《胡適文存》，上海：亞東圖書館，1921年，卷二，199頁。

11　本段及以下討論參見羅志田《走向「政治解決」的「中國文藝復興」》，《近代史研究》1996年4期，具體的論證和史料出處多從略。

度似乎提示著他或者即是尚存觀望者中的一個，至少說明他那時的確偏於溫和穩健一邊。

胡適當時曾進而預測說，「在最近的將來幾十年中，也未必有別個西洋學者在中國的影響可以比杜威先生還大」。[12] 此話卻不免言之過早。杜威和威爾遜都是「美國」這一中國榜樣的一個組成部分，其實是不能兩分的。威爾遜的「背叛」中國，當然要影響到杜威，而且在胡適說此話時（1921年7月）轉變已經開始。同時，杜威以至某種程度上的威爾遜，都與中國自由主義知識分子自身的政治命運相關聯，他們的確是「一榮俱榮，一損俱損」。由於美國的幫助畢竟不可恃，本來就勢單力薄的自由主義分子在中國的政治前途就此斷送；而中國自由主義知識分子的衰落（雖然有個過程）當然也就使杜威成為聽眾和觀眾越來越少的演員，其影響就只能在學界中尚長期潛存了。

即使在學界，也不再是實驗主義的一統天下。不僅陳獨秀本人的政治態度迅速轉變，他所提倡的唯物史觀在更年輕的一代讀書人中也迅速普及。北伐後中國社會史論戰時關於中國社會性質以及中國走什麼路的辯論，各種解釋所本的思想武器絕大部分是西來（唯梁漱溟稍例外），然詮釋和出路最後全都落實在經濟制度之上（甚至包括梁漱溟！）；到底是哪一位西洋學者在影響中國，其實已不證自明瞭。[13]

既然威爾遜描繪的新世界的美好前景是以中國的獨立和完整為代價的，中國知識分子中許多人自然轉向了列寧指出的方向。此時正值新俄（新字要緊）發布放棄所有條約權利的《加拉罕宣言》，立即在中國各界引起了極大的好感。至少就中國而言，威爾遜的世界新秩序在與列寧的新世界藍圖的較量中已經完全失敗了。以前頗吹捧威爾遜

---

12 胡適：《杜威先生與中國》，《胡適文存》，卷二，199頁。

13 關於社會性質及中國出路爭論的概述，參看伍啟元《中國新文化運動概觀》，127-172頁。

的陳獨秀也不得不認為他「好發理想的大議論」，其實又「不可實行」，決定送他一個渾名，「叫他作威大炮」。進步黨的《時事新報》在社論中說：《加拉罕宣言》正是建立在威爾遜的和平原則之上，「只是威爾遜自己卻不能把他實現」。這很能表現中國士人學西方的榜樣由美往俄的轉移。

陳獨秀在一九一八年底所作的《每周評論》的《發刊詞》中，還曾稱威爾遜為「世界上第一個好人」。到一九二三年十二月，北大進行民意測量，投票選舉世界第一偉人，四百九十七票中列寧獨得二百二十七票居第一，威爾遜則得五十一票居第二。威爾遜從「第一好人」變為「第二偉人」，正是由美到俄這個榜樣的典範轉移趨於完成的象徵。故吳宓慨歎道，幾千年來孔夫子在中國人心中的神聖地位，「已讓位於馬克思和列寧」。若僅言新文化運動那幾年，則把孔夫子換為威爾遜倒更加貼切。

毛澤東後來總結中國共產黨的歷史時說：自鴉片戰爭後，「先進的中國人」一直在「向西方國家尋求真理」。那時的結論是：「要救國，只有維新，要維新，只有學外國。」故「求進步的中國人，只要是西方的新道理，什麼書也看」。但新學家自己雖然頗有信心，「先生老是侵略學生」這一事實卻「打破了中國人學西方的迷夢」。直到蘇俄十月革命之後，幾代「先進的中國人」學西方得出的最後結論乃是「走俄國人的路」。[14] 「先生是否侵略學生」的確是中國人選擇學習榜樣的一個關鍵因素，巴黎和會與《加拉罕宣言》的象徵意義由此凸顯。而且，正是在「西方」已分裂的情形下，以誰為「先生」的選擇才變得明確起來。

「新俄」及其附載的意識形態對中國人的吸引力是多重的：自由

---

14 毛澤東：《論人民民主專政》，《毛澤東選集》（一卷本），北京：人民出版社1968年，1358-1360頁。

主義者或者看到革命後的建設和「改造社會」的措施，當時的國民黨和共產黨恐怕更多看到了其革命奪權的成功。廣而言之，近代中國士人個個都盼望中國強盛，而蘇俄正提供了一個由弱變強的最新模式，故俄國的興起對任何中國知識分子都具打動人心的作用。在新文化運動的老師輩還比較傾向於美國取向時，北大學生傅斯年在一九一九年初已認為「俄之兼併世界，將不在土地國權，而在思想也」。

對一般並未認真學習其系統理論的人來說，專治西方之病的馬克思列寧主義至少還有一點潛在的吸引力：它既來自西方，同時又號召世界人民進行反對（以西方為主的）帝國主義的「世界革命」。這不但充分體現了「西方」的分裂，而且正符合許多中國人對西方愛憎交織、既尊西又想「制夷」的心態。馬克思列寧主義在中國受歡迎的因素尚多，從學理層面看，其所包括的「科學社會主義」與中國傳統的天下大同思想頗有相通之處，而「科學」與「社會主義」二者在民初的中國也都有極強的吸引力。

三 思想趨向的演變

如果說晚清人對西方政治制度的認知不免帶有懸想的成分，到民國後中國人已有機會實施議會方式的民主制。對當時的多數人來說，民初的幾年實踐似乎已證明在中國實行議會制的條件尚不成熟，這是後來革命性的政治取向越來越流行的語境和思想基礎。社會主義（不只一種）和無政府主義在中國的復興，以及蘇俄式共產主義（各人各派的理解也不盡相同）的引進，都是這個新趨向的邏輯發展。左派史家陳端志描繪五四後的中國社會說：「這裡有禮教的復活，這裡有佛教的追求，這裡有德謨克拉西思想的憧憬，這裡有法西斯蒂理論的醞

釀，更有社會主義各派學說的流行。」[15] 它們都或明示或暗含對議會制民主模式的否定，而其中「社會主義各派學說的流行」一語尤說明當時最為廣泛接受的思想何在。

的確，那時不止是「先進」的共產黨人及其同盟者追隨社會主義，就是許多我們過去認為比較「落後」的人物其實也相當激進而且推崇社會主義。社會主義實已成為民初中國全社會的一種主流思潮，不過在我們的既存研究中隱而不顯而已。如果說各人各派所欣賞的社會主義尚因其版本不同而有相當大的甚至本質的區別，當時社會思潮的另一個突出傾向則具有更廣泛的共性，那就是對資本主義的貶斥。對於社會主義壓倒資本主義在中國思想界的廣泛深入程度，我們過去的認知同樣不足。[16] 由於既存革命史研究成果已非常豐富，本文以下的舉證多側重於那些過去認知中不那麼「進步」的思想界人物（且相對側重知識精英），是一種角度不甚相同的考察。

梁漱溟已注意到伴隨中國學習榜樣的轉移而出現的思想轉變，他認為五四前後四十年間的中國民族自救運動，實因「西洋近事」的轉變而「被動的截然有二期」，其區分即在第一次世界大戰。此前以學西方較成功的日本為榜樣，「講富強、辦新政，以至於革命共和」，其目的都在建立一個「近代國家」，此時頗「豔稱人家的商戰為美事」。此後「因歐洲潮流丕變，俄國布林塞維克之成功尤聳動一時」，國人多受新俄影響，「掉轉頭來又唱打倒資本主義打倒帝國主義」。[17] 從讚美「商戰」到「打倒資本主義」，思想傾向的轉變是帶根本性的，但都在西方影響之下。

---

15 陳端志：《五四運動之史的評價》，368頁。

16 說詳羅志田《胡適與社會主義的合離》，《學人》，第4輯，以下無出處之史料均轉引自此文。

17 梁漱溟：《中國民族自救運動的最後覺悟》，《梁漱溟全集》，第5卷，濟南：山東人民出版社1992年，106-109頁。

　　在五四學生運動後不久的「問題與主義」的論戰中，各方比較接近的至少有一點：即中國當下最重要的問題是社會的和經濟的，也就是民生問題；解決這一問題必須藉重西方的「主義」，但各方均對資本主義持不同程度的批判態度而傾向於某種社會主義式的解決。那時最「保守」的安福系的報紙《公言報》也認為：過激主義這一危險思潮已風靡中國，「為政者與將帥」不能「與多數國民相背馳」，故皆「宜究心社會主義」；只有「人究其書，乃可言取捨，乃可言因應也」。[18] 中國新舊各政治力量和思想流派的注意力都集中在這一點上，大家關懷和思考的問題是一致的。

　　當然，各派所說的「社會主義」有相當大的甚至可能是實質性的區別。胡適指出：「馬克思的社會主義，和王揖唐的社會主義不同；你的社會主義，和我的社會主義不同。」大家都談社會主義，「同用一個名詞，中間也許隔開七八個世紀，也許隔開兩三萬里路，然而你和我和王揖唐都可自稱社會主義家。」[19] 各家在社會主義名詞之下的「大聯合」確實可能混淆了各自的主義認同，但相差甚遠的思想觀念也要用同一個名詞來標榜，最能提示「社會主義」在那時的吸引力。

　　胡適自己與當時許多讀書人一樣，曾長期嚮往社會主義，視其為世界發展的方向，他後來還把新俄的社會主義制度這一「空前偉大的政治新試驗」納入這一世界發展方向之中。一向反對專制的自由主義者胡適竟然能夠讚許實行無產階級專政的蘇俄，就在於他相信蘇俄「真是用力辦新教育，努力想造成一個社會主義新時代。依此趨勢認真做去，將來可由狄克推多〔專政〕過渡到社會主義民治制度」。正是基於這一判斷，胡適在一九三〇年斷言：蘇俄與美國「這兩種理想原來是一條路，蘇俄走的正是美國的路」。

18　《公言報》社論，1919年6月27、28日，轉引自鄧野《王揖唐的「社會主義」演說和「問題與主義」論戰的緣起》，《近代史研究》，1985年6期。

19　胡適：《問題與主義》，《胡適文存》，卷二，150頁。

「俄國人的路」與西來的「社會主義」本是直接相關的。五四人，包括共產主義者，對中國社會或主張改良再生，或主張從根推翻而再生，其著眼點都在再造的一面，根本目的是相通的。胡適在一九二一年初給陳獨秀的信中就明確地將《新青年》同人劃為「我們」，把梁啟超及《改造》同人劃為「他們」，界限甚清。共產黨人對胡的說法有正面的回應，中共二大發出的宣言中即表示「願意和資產階級的民主主義革命運動聯合起來，做一個『民主主義的聯合戰線』」，陳獨秀本人到一九二三年底還認為，唯物史觀派和實驗主義派應結成聯合戰線以掃蕩封建宗法思想。鄧中夏在幾乎同時對中國思想界的劃分，所用詞彙標籤雖不一樣，實與胡適完全相同。共產黨人與自由主義者胡適的觀念當然有許多根本的岐異，但雙方在那段時間的接近，仍說明後五四時期中國思想社會的激進化實遠超出我們過去的認知。

一般而言，已樹立地位的社會精英是既得利益者，最不支持任何形式的革命。但民初中國的情形則反是。許多中國知識分子因鼓吹、參與、或支持革命（包括政治、文學、思想、家庭等各種「革命」）而先一舉得名，繼則獲得社會承認，或入名大學獲高薪教職，或竟直入政界為高官，成為名實俱獲的社會精英。更有意思的是，這些知識分子在樹立地位之後，仍不同程度地或支持或參與文化、思想、社會、甚而政治等各種革命。我們只要看一下新文化運動時期的北大，從校長蔡元培到陳獨秀、胡適等教授，便可見此情形之一斑。

特別有意思的是，在胡適相當激進的二〇年代，曾任北洋政府部長的湯爾和卻認為胡適那幾年「論入老朽，非復當年」，說明北洋政府中人其實也並不怎麼「落後」。胡適自己也曾對北京政府教育部在一九二〇年明令各小學三年內全部使用白話教材而大感意外。而階級意識已見於操生殺大權的軍閥告示之中。此時世風之激進，可見一斑。[20]

---

20 參見本書《新的崇拜：西潮衝擊下近代中國思想權勢的轉移》。

周作人在一九二六年也認為「階級爭鬥已是千真萬確的事實，並不是馬克思捏造出來的」。他根本以為「現在稍有知識的人（非所謂知識階級）當無不贊成共產主義」，只有「軍閥、官僚、資本家（政客學者附）」才不贊成共產主義；他自己就「不是共產黨，但是共產主義者」。[21]

這樣的激進化越來越難與國際風雲分離，中國內部的思想論爭也越來越呈「國際化」。自蘇俄宣布廢除不平等條約之後（實際上並未完全實行），北京學界思想界的左傾親俄風氣相當盛。一九二五年時關於蘇俄是敵是友的問題曾在北方引起一場大爭論，張奚若當時曾指出，「在今日人人對於這個重要問題不敢有所表示的時代」，《晨報》敢站出來公開發表反對共產和蘇俄的言論，「令人非常可佩」。[22] 部分可能由於當時執政的北洋軍閥正在反對「赤化」，學界思想界為維持自身獨立的清流地位，此時或不便站出來反共反俄，所以《晨報》此舉的確要冒「阿附」的嫌疑。但從上述周作人等的觀念看，思想界的激進恐怕是更為根本的因素。

在二十年代已被一般人認為「落伍」的梁啟超或者有資格列入周作人所說的「政客學者」，他就確實反對共產主義。我在別的文章中引述過他一九二七年一段「聲明」，即他反對共產，但反對資本主義比共產黨還利害。他對現代經濟病態的診斷「和共產同一的『脈論』」，但「確信這個病非共產那劑藥所能醫」。[23] 梁說這段話是因為其子梁思永給他的信中「很表同情於共產主義」，據他的了解，「國內青年像思永這樣的百分中居九十九」，與周作人的觀察大致相同。而

---

21 周作人：《談虎集‧外行的按語》，臺北：里仁書局影印本，1982年，上冊，261-266頁。

22 張奚若：《蘇俄究竟是不是我們的朋友》，《晨報副刊》，1925年10月8日。

23 梁啟超給孩子們書，1927年5月5日，收在丁文江、趙豐田編《梁啟超年譜長編》，上海：上海人民出版社，1983年，1130-1131頁。

梁的表態尤其反映彼時各派思想的異同，曾經激進但早已被視為穩健甚或「保守」的梁氏「反對資本主義比共產黨還利害」，還不足以說明世風的激進嗎？

我們再看梁啟超的同路人張君勱的觀念，張氏在一九三四年回顧「科學與人生觀」論戰時說：「馬克思是最善於罵人，他罵英國的邊沁為十九世紀普通資產階級理智的預言人，罵陸克為新資產階級之代言人，其他類乎此而更狠毒的話，不勝枚舉。」從我們所了解的馬克思看，他所論這些人與各類資產階級的關聯應為學理的指陳，並無罵人之意（據唯物史觀的時代階段論，類似「新資產階級」這樣的標籤若限定在具體的時段內實稍帶讚許之意）。從我們今日的語言標準看，這裡更無一語說得上「狠毒」。那麼，張君勱的「狠毒」究竟何所指呢？只有了解當時世風的激進，才知道「資產階級」本身就是一個「狠毒」的標籤，一旦被貼上便無還手之力。張自己就說他無法與陳獨秀等辯論，「假定同他們辯，他們還我們一句話說：『你們是資產階級。』所以也不必同他們辯了。」[24] 此語最可見當時「話語權勢」之所在，而張本人的激進也已暴露無遺了。

尤其具有提示性的是，同樣在一九三四年，曾任軍閥孫傳芳屬下的上海督辦公署總辦的學者丁文江，也明確表示他「同情於共產主義的一部分（或是一大部分）」，只是因為「不贊成共產黨式的革命」，所以沒有成為共產黨員。丁的答案如何且不論，這樣一個不管在當時還是今日恐怕都很難被認為是「進步」的學者覺得有必要提出並回答「然則我何以不是共產黨的黨員」這個問題本身，已足證當時世風的激進的確超過我們過去的認知。[25]

---

24 張君勱：《人生觀論戰之回顧》，《東方雜誌》31卷13期（1934年7月1日），9頁。
25 丁文江：《我的信仰》，《獨立評論》第100號（1934年5月13日），9-12頁。

世風激進是社會主義能風行於中國而為各類人士所共同欣賞的一個重要外在環境因素，而其對立面資本主義的不得人心也提示著時人關注之所在。這正是伍啟元所說的中國思想界「以迎拒西洋資本主義制度和它底文化精神為核心」一語的寫照，也與他所說的全球資本主義化相關。由於「近世科學的發達和資本主義的進展把整個地球打成一片，無論願意與否，現在中國已是世界的一部」。不僅「中國社會一切的轉移」受到「世界巨潮底動向所激蕩」，就是「中國學術思想的轉移，也不過是跟著世界學術思潮的蛻變而轉捩」。結果，「一切適合於中國的或不適合於中國的思潮，都先後的被紹介到中國來，而許多國際思想界的爭辯，都在中國重複一遍了。」[26]

既然大家接受或反對的，都是與西方資本主義制度相關的思想觀念，而「國際思想界的爭辯」也在中國來重複，「西方」分裂之後中國已成為各種不同的西方「主義」競爭的戰場這一時代特徵就充分凸顯出來。的確，西方模式既然有好有壞，各種西方「主義」又不一定都適合於中國，中國人對西來的「主義」有所選擇自是邏輯的發展。在此語境下，像科學、民主這類五四時的核心概念在後五四時期曾引起數次較大的爭議。

這些思想論爭的一個共同特點，最能體現自十九世紀末以來整體的西方文化優越觀在中國樹立之後又出現「西方」的分裂這一特徵：五四以後思想界的爭論各方的主要思想武器均是西來的。對中國士人來說，需要解決的問題仍是「中國」的，但那時提出的解決方案，即參與競爭的各種觀念主張之中，純粹「中國」者已不復存在。西方的分裂確實導致一些人在不同程度上提倡「東方文化」，但下文可以看到，他們所提出的具體政治主張其實仍基本落實在西來的方式之上。

---

26 伍啟元《中國新文化運動概觀》，2、25-26頁。

四　西方分裂之後：為他人作戰場

　　楊銓在一九二四年提出，中國思想的西化始於清季，從康有為的《大同書》和譚嗣同的《仁學》到後來的無政府主義與社會主義，「中國之近代社會思想幾於完全為中西文化接觸之產物」。這些思想「大多對於中國社會缺少深刻之觀察與精密之分析」，有明顯的西來特性。[27] 十二年後，陳端志注意到：「中國在這十餘年新文化運動的過程中，所給予我們的各種思想和論戰，都逃不掉模仿的一個階段。他們都忘記了自家的立場，他們只迷信著人家的方法，要想用同一的模型仿傚成功。西方文化學者無論矣，就是提倡中國文化的東方文化學者，他們除了和羅素一樣地讚美東方文化外，始終還是沒有立下東方本位的文化，他們亦僅模仿而已。」[28]

　　他們所觀察到的清季特別是民初各種思想觀念的西來性質這一客觀事實看上去似乎帶有「民族虛無」意味，其實不過凸顯了受進化論武裝的近代中國士人普遍具有的「面向未來」傾向。由於近代中國的新與舊本身已成價值判斷的基礎，故從傳統中生出的一派不可能成為主流，且守舊派確實既提不出什麼解決現實問題的方法。對趨新派而言，既然傳統不能提供解決中國現實問題的思想武器，向西方取經即是自然的取向；而且他們無不希望借西方之藥以療中國之疾，故能描繪出充滿想像的美好前景，並進而可以提出無限多種可能解決現存問題的辦法來。[29]

　　但「老師侵略學生」這一事實又是每一個趨新中國士人所不能迴

27　楊銓：《中國近三十年之社會改造思想》，《東方雜誌》21卷17期（1924年9月10日），55頁。

28　陳端志：《五四運動之史的評價》，338頁。

29　參見本書《新的崇拜：西潮衝擊下近代中國思想權勢的轉移》。

避的現實，故民初中國思想界的狀況是一方面尊西的風氣仍在成長，另一方面反西的情緒也在發展。自西方文化優越地位在中國確立後，中國人反西方已越來越多地採用西方方式（如一九○五年的反美運動即首次以西方的「文明排外」方式進行，與數年之前的義和拳運動大相徑庭）。隨著「西方」的分裂，再加上中國讀書人潛意識中以夷制夷的願望仍在起作用，不同的西方「主義」遂在中國大起爭戰。

胡適在五四前後似乎已隱約意識到這一點，他主張多談問題少談主義，或即因問題是中國的，可用西法解決之；而「主義」都是來自西方的，實不啻自我爭鬥。更了解西方的胡適顯然不願意讓中國為他人作戰場，但多數的人或尚未意識及此，故後五四時期思想界的西與西鬥現象非常明顯，清季以還的中西「學戰」逐漸變為中西名義下實際的西與西戰。

最有特色的是五四新文化運動時兩個最基本的口號科學與民主在後五四時期引起的較大爭論，即一九二三年的「科學與人生觀」之爭和北伐成功之後關於「人權」的論爭及九一八之後的「民主與獨裁」之爭，前者以科學派大勝作結，但獲勝的「科學」更多只是個象徵；後者因為國難影響下民族主義的興起等原因，大致是一個民主與獨裁併進的結局，即執政的國民黨政府基本實行獨裁而民間仍有大量知識分子以民主為口號。這兩大爭論可以說是後五四時期中國思想界對五四基本理念的反思，從思想史的角度對此反思進行檢討只能另文為之，這裡只簡略論及其凸顯西方分裂的一面。

一九二三年的「科學與人生觀」論爭時，雙方的主將張君勱和丁文江均於一九一九年隨梁啟超西遊世界大戰後的歐洲，其所觀察到的，以及其所援以為據的，其實多是西人自己對西方文明的不同反省，只不過將戰場移到中國而已。論戰中張君勱一方相對更具「東方文化」意味，但丁文江在其第一篇反駁文章的一開頭，就點出「玄學

鬼」的西來性質，明確了這實質上是一場西與西戰。中國作為西方觀念的爭論戰場自有其重要意義，西人自身的不同反省在中國的重演（或引申）正好凸顯了「西方」這一整體形象在中國的分裂。[30]

「賽先生」雖曾受到挑戰，但其地位基本穩固。相比起來，在激進的世風下，另一五四人特別注重的「德先生」在民國初年的經歷就遠沒有那麼順利。伍啟元在三十年代初觀察到：「科學雖是受過一度的反對，但現在已深深的走入中國所有的青年的腦海中。」然而「『德謨克拉西』在中國的地位怎樣呢？現在執政者不肯歡迎真正的『德先生』，一般人民正在用懷疑的目光去注視『德先生』，有許多人正大聲疾呼的反對『德先生』。」[31] 這正是北伐後《新月》派知識分子與國民黨政府關於「人權」論爭的語境。

那次論爭很能體現「西與西鬥」的特色，兩造的思想武器其實多為西來，國民黨雖已絕俄，其統治方式可見明顯的蘇俄影響；而《新月》派的基本主張當然是西來的，他們的目的其實仍是怎樣在中國推進「德先生」。伍啟元指出：當時胡適正是「完全站在西方文化學者的地位來討論人權，介紹和宣傳『德謨克拉西』」。因為「科學在中國可算是成功了，但『德先生』在中國處處不及『賽先生』」，故胡適是「抱著介紹『賽恩斯』時的精神來介紹『德先生』」。綜觀那次人權運動，「若果說他們是反國民黨，毋寧說他們是介紹西洋文明的『德先生』」。九一八之後的「民主與獨裁」之爭是「德先生」遇到的又一次挑戰，論戰雙方皆以西洋留學生為主，我們如果考察他們的觀念，同樣具有明顯的西與西戰性質（詳另文）。

如果從整個近代這一中長時段看，可以說新文化運動既是西潮在

---

30 丁文江：《玄學與科學》，收《科學與人生觀》，濟南：山東人民出版社，1997年橫排新版，41頁。

31 本段與下段，參見伍啟元《中國新文化運動概觀》，114-119頁。

中國的巔峰，也是其衰落的開始。《新青年》同人在後五四時期的分化正可從「西方分裂」的角度觀察：早期的《青年》或《新青年》尚處西方整體觀的餘蔭之下，故胡適敦促大家多談問題少談主義，各種人也還大體能結合在一處。五四以後即漸分，表面是分裂為激進與穩健兩派，實則與「西方」的分裂有很直接的關聯。故學界思想界均有所謂英美派、法日派、以及尚不明顯的俄國派之分。尊西的新派出現這樣的社會區分當然影響其整體的實力，陳端志注意到，自新文化運動分裂為實驗主義和馬克思主義兩派後，中國文化思想界就「失去了重心」。[32]

不久後全盤西化論的提出，恰是西潮略衰落而中國傳統稍有復興的表徵。蓋前此大家皆西向，本不必再言西化。只有到西化已成疑問之時，才需要大肆鼓吹。正如由西人來提倡保存中國國粹最足表明中國傳統的衰落一樣，西化而必須爭，且須全盤，正反映出西化派本身在「西方分裂」語境下的危機感。當然，這樣的危機感只是已居正統的主流對邊緣上升之潛在危機的預感。反觀那些提倡中國本位文化者，其思想資源仍多從西來，尚非完全的本位（更本位的如章太炎等似尚不在此「話語天地」之中，其關懷也有所不同）。

全盤西化論和中國本位文化論這類「整體」觀念的提出，說明那時中國思想界的分歧有向兩極化發展的趨勢。而其轉捩點，即是第一次世界大戰後「西方」的分裂。伍啟元指出：清季民初的趨勢，本來是「大家一天比一天的向西方文化接近」，但「歐戰叫醒了一般人的迷夢，物質文明被許多人宣告了破產。於是中國許多學者，都要把中西文化拿來重新估價、重新比較。東西文化的討論，因而盛極一時。」但這並不是真正的東方文化與西方文化之間的爭論，那時「凡是主張

---

32 陳端志：《五四運動之史的評價》，339頁。

西洋文化的，多是赫胥黎和杜威的信徒；凡是主張東方文化的，必是受羅素的影響。」與帶來西方科學思想的杜威不同，羅素在中國「最大的影響，不是他在哲學上的主張，卻是他對中國文化的讚揚」，兩人的「貢獻是相反的」。[33] 這是典型的中西名義下的西與西戰。

類似的情形尚多。在政治主張層面，楊銓注意到，那時接近聯省自治而提倡農村立國的章士釗表面好像是以中國針對西方，其實仍本西說。章自一九二二年從歐洲歸國，即「力倡農村自治及農村立國之說。其第一次發表主張即為代趙恒惕捉刀之宣言」，所針對者為歐洲的以工業立國。他於一九二三年十一月在《新聞報》發表《農國辨意》，進一步申說此意。但楊氏本留學生，立即看出「其說實本英國潘悌（Penty）之農村基爾特主義，故以『聯業』為自治之基」。[34] 潘悌的學說大約也是歐戰後西人自我反省的一種觀念，為新去歐洲的章氏所販回。仍是一個在中西對峙的表相下以西來思想針對西方觀念的例子，很能說明當時思想界的實際傾向。

更典型的例子莫過於以北大為中心的新文化派與以東南大學（南京高師）為中心的《學衡》的南北論爭。胡先驌後來總結說：「當五四運動前後，北方學派方以文學革命、整理國故相標榜，立言務求恢詭，抨擊不厭吹求。而南雍師生，乃以繼往開來融貫中西為職志。」南方不僅有以王瀣、柳詒徵為代表的傳統文史之學，即使是「歐西文哲之學」，也因劉伯明、梅光迪、吳宓、湯用彤等留學生的主講，「歐西文化之真實精神，始為吾國士夫所辨認。知忠信篤行，不問華夷，不分今古；而宇宙間確有天不變道亦不變之至理存在。而東西聖人，

---

33 伍啟元：《中國新文化運動概觀》，93、42頁。按羅素實觸及到許多中國讀書人思而不言的敏感問題，因一種態度而使人對其哲學本身忽視，大可深思，頗值探討。

34 楊銓：《中國近三十年之社會改造思想》，《東方雜誌》21卷17期，55頁。章士釗在五四時期早已由新變舊，所以他的農村立國說基本未受到後來學界的重視。

具有同然焉。自《學衡》雜誌出，而學術界之視聽以正。人文主義乃得與實驗主義分庭而抗禮。五四以後江河日下之學風，至近年乃大有轉變，未始非《學衡》雜誌潛移默化之功也。」[35]

過去我們多將《學衡》派視為「文化保守主義」，其實該派主將吳宓就自認他本人不是在傳接中國文化的傳統，而是「間接承繼西洋之道統，而吸收其中心精神」。[36]《學衡》雜誌的出現確有象徵性的轉折意義。新文化運動初起時，新舊的對立基本是以對中國傳統的態度區分，各種新老「新派」大體還在一條線上。歐戰後杜威來華講學時，留英美學生尚為一大致的整體，杜威在南京的講學正劉伯明等為之翻譯。到一九二二年《學衡》出，表面上似仍以對中國傳統的態度區分，實際上已成西與西鬥，爭的是西學正統。胡氏的「人文主義與實驗主義分庭抗禮」一語最能表述以中國為西方思想戰場的實質。

後五四時期所謂「折衷派的東方文化學者」中最著名的梁啟超和梁漱溟都很能體現這一特色。伍啟元已注意到梁啟超雖然由新文化運動的先驅轉變為「讚揚東方舊有的文化」，卻「並不反對新文化」。[37]這是個常為人忽視的重要區分，梁並不向新文化人挑戰，是新文化人不允許「折衷」。實際上，梁啟超（以及梁漱溟）與陳獨秀一樣認為西方文化最大的貢獻是科學與民主，不過因為科學可能被誤用，故需要創立一個新局面。他為中國人提出的步驟是：「第一步要人人存一

---

35 胡先驌：《樸學之精神》，《國風》，8卷1期（1936年1月），14頁。

36 《吳宓詩及其詩話·空軒詩話·二十一》，西安：陝西人民出版社，1992年，250-251頁。即使這樣的吳宓，在東南大學還算不夠尊西的。他注意到，該校得一從美國學教育獲碩士而僅「並及歷史」的徐則陵歸，即任命為歷史系主任，取外間視為舊學象徵的柳詒徵而代之。同樣，一般認為是「文化保守主義者」的梅光迪也並未將柳氏放在眼裡。可知以「守舊」著稱的東南大學，其實際的尊西傾向亦並不弱於他校。參《吳宓自編年譜》，北京：生活·讀書·新知三聯書店，1995年，228-229頁。

37 伍啟元：《中國新文化運動概觀》，36頁。

個尊重愛護本國文化的誠意；第二步要用那西洋人研究學問的方法去研究他，得他的真相；第三步把自己的文化綜合起來，還拿別人的補助他，叫他起一種化合作用，成了一個新文化系統；第四步把這新系統往外國擴充，叫人類全體都得著他好處。」[38] 這裡非常值得注意的是中國文化的真相要靠西洋方法才能認識，在「方法」備受推崇的時代，此語的意味極為深長。

同樣，通常認為比梁啟超更「東方」的梁漱溟也認為，中國人對於人生，「第一，要排斥印度的態度，絲毫不能容留；第二，對於西方文化是全盤承受，而根本改過，就是對其態度要改一改；第三，批評的把中國原來態度重新拿出來。」梁氏主張以周公孔子的真精神來治中國，但他對經濟的重視卻提示著另外的方向。他曾說「誰對於中國經濟問題拿不出辦法來，誰不必談中國政治問題」。這雖然還接近孔子的「富而後教」的觀念，恐怕已不是純粹的儒家思想。到他說「村治」不是改良而是一種秩序上的「革命」，要「從舊秩序——君主專制政治、個人本位的經濟，根本改造成一全新秩序——民主政治、社會本位的經濟」時，可以說絕對非孔子、周公的固有精神，完全是西來的新知。[39]

所以伍啟元總結說：五四後十餘年間，「中國總逃不出『模仿』的工作。例如張君勱不過想做中國的柏格森，胡適不過想做中國的杜威，陳獨秀不過想做中國的馬克斯，郭沫若不過想做中國的恩格爾，甚至最近梁漱溟提倡中國文化的文章，也不過是『模仿』羅素的理論

---

38 梁啟超：《歐遊心影錄節錄》，《飲冰室合集・專集之二十三》，北京：中華書局，1989年影印版，37頁。

39 梁漱溟：《東西文化及其哲學》，《梁漱溟全集》，第1卷，濟南：山東人民出版社，1989年，528頁；《馮著〈從合作主義以創造中國新經濟制度〉題序》、《中國問題之解決》，《梁漱溟全集》，第5卷，122、220頁。

吧！」[40] 伍本人是希望中國趕快脫離模仿而進入創造的，他大約是在恨鐵不成鋼的心態下才說出這樣的話，雖不免失之過苛，仍多少提示了民初中國思想界一方面隨西方而動、同時又以西方觀念為武器相互競爭這一時代特徵。

這當然只是那時中國思想界的一個傾向，王造時在大約同時就有不同的觀察，他發現「以前張君勱先生說了幾句關於人生觀的話，便有丁文江先生等一大群人去打玄學鬼；今年由考試院長戴季陶先生等所發起的時輪金剛法會在北京舉行，在丁文江胡適之先生等腳下大演法寶，鬧得轟轟烈烈，文化城中倒沒有人去喇嘛廟裡打鬼。」在他的眼裡，「新文化運動的影子沒有了。又是一朝江山，又是一朝君臣，又是一個時代。」[41] 對王來說，時代已大變，政治的劇變不必言，就是思想界的社會組成也已發生根本的轉變，而中國的問題卻依舊，仍然需要「復興新文化運動」。後五四時代的中國情形究竟如何，在五四運動八十週年的今天仍值得我們反思。

原刊《中國社會科學》一九九九年三期

---

40 伍啟元：《中國新文化運動概觀》，179頁。

41 王造時：《復興新文化運動》，《主張與批評》，第3期，轉引自陳端志《五四運動之史的評價》，344頁。

近代中國民族主義的特色與反思

　　民族主義在全球範圍內不同程度地復起是二十世紀末一個顯著現象，其在世界歷史中的作用也因此受到西方學人的廣泛注意。麻省理工學院和哈佛大學等自一九九二年起已在嘗試為研究生開設民族主義的專題課，兩年後美國歷史學會的會刊也曾組織討論如何將民族主義整合到大學本科的歷史課堂之中。參與的論者均同意在大學開設民族主義課為當務之急，因為不了解民族主義則不僅不能了解近現代歷史，也無法了解現在和今後的世界。值得注意的是，許多人都強調過去對民族主義的研究存在一種「非歷史」的傾向（即偏重於從各社會科學學科的理論角度研究民族主義，多關注其結構功能等面相），故在一定程度上架空了民族主義，現在則應糾正這一傾向，多從歷史角度去考察和檢討民族主義。[1]

　　在中國，民族主義的重要性久已成為中外關於中國近現代政治和思想研究者的共識。尤其是在西方的中國研究中，民族主義的興起（the rise of nationalism）是一個不斷重申的主題，而且民族主義浪潮是處在「不斷高漲」的進程之中。我們若細看許多關於中國近代各「事件」的研究便會發現：一開始時民族主義通常被認為是這些事件的動力，而到結尾時民族主義又多因這些事件而進一步「上升」。民族主義一身而兼為歷史發展的原因和結果，其受到史家的重視可見一斑。可以說，作為一種詮釋的工具，民族主義在近代中國研究中是被

1　參見 *Perspectives*, 32:8 (Nov. 1994), pp. 1, 8-13.

用得最為廣泛的，且不乏濫用之例。[2]

近代中國以變亂頻仍著稱，似乎沒有什麼思想觀念可以一以貫之。各種思想呈現出一種「你方唱罷我登場」的流動局面，可謂名副其實的「思潮」——潮過即落。但若仔細剖析各類思潮，仍能看出其背後有一條潛流，雖不十分明顯，卻不絕如縷，貫穿其間。這一從上到下的共同思緒和關懷，包括夷夏思想、種族觀念、排外、社會達爾文主義等等，然其核心即在中外矛盾和衝突的背景下通過群體認同和忠誠對象的再確認來體現人我之別。這條潛流便是民族主義（頗近於一般所說的愛國主義，但又有所不同，因為有時側重的是「民」或「族」，而不是「國」）。若將晚清以來各種新舊思潮條分縷析，都可發現其所包含的民族主義關懷，故皆可視為民族主義的不同表現形式。

近代中國民族主義的一個重要特點是，具有強烈的情緒性。因此，其文字的和行為的表述，通常都不那麼系統嚴謹，甚至其思想資源也不一定那麼學理化。就學理言，民族主義有著明顯的輸入特色。然而即使其外來思想資源，也大體類似梁啟超論清末中國「譯述之業」的特點，其輸入多表現為「無組織，無選擇，本末不具，派別不明；惟以多為貴，而社會亦歡迎之」。[3] 而其本土思想資源也具有相類的特點，缺乏學理性的整理與整合。

廣義言之，民族主義不僅僅是一種一般意義上的「主義」。人類學家紀爾茲（Clifford Geertz）在研討二戰後獨立的「新國家」時指出：「民族主義不僅僅是社會變遷的附產物，而是其實質內容；民族

2　參見Arthur Waldron, "The Theories of Nationalism and Historical Explanation," *World Politics*, 37(April 1985), pp. 416-33.

3　梁啟超：《清代學術概論》（1920年），朱維錚校訂，上海：上海古籍出版社，1998年，97-98頁。

主義不是社會變遷的反映、原因、表達、甚而其動力，它就是社會變遷本身。」⁴ 英國左派史家奈恩（Tom Nairn）也認為，民族主義指謂著現代國家政治實體的一般狀態，與其說它是獨立於此的另一種「主義」，勿寧說就是政治的和社會的思想風氣本身。而學理方面的民族主義理論，即在此廣義的「民族主義」的不規則影響之下。[5]

這樣，本文無意在術語或概念的界定上做文章，主要從思想的社會視角考察，注重民族主義的載體即「民族主義者」[6]的角色和作用，盡可能見之於行事。先對近代中國民族主義與域外民族主義的異同略作辨析，繼考察其以激烈反傳統和嚮往「超人超國」為特徵的特殊表現形式，並通過民族主義與民國政治的複雜曲折關係，論證其所包含的抗議與建設兩個面相，檢討地方意識與國家統一這兩個衝突的因素怎樣在政治運作中互動。希望能使我們對近代中國民族主義的認識和理解，較前稍進一步。

一 初步認識近代中國民族主義

章太炎自述其民族主義思想的形成時說：他幼年讀《東華錄》，已憤恨「異種亂華」。後來讀鄭所南、王船山兩先生的書，「全是那些保衛漢種的話，民族思想逐漸發達。但兩先生的話，卻沒有什麼學

4　Clifford Geertz, "After the Revolution: The Fate of Nationalism in the New States," in idem, *The Interpretation of Cultures*, Basic Books, 1973, pp. 251-52.

5　Tom Nairn, *The Break Up of the Britain: Crisis and Neo-Nationalism*, 2nd ed., London: NLB, 1981, p. 94.

6　相當一些人並無民族主義者的自我認同，甚至可能不接受「民族主義者」的認同，其實也具有強烈的民族主義情緒，不過或不那麼自覺，或在意識層面對這一認同有所保留，這些人仍會納入考察範圍。

理。自從甲午以後，略看東西各國的書籍，才有學理收拾進來」。[7]
此語可以幫助我們從思想史層面認識近代中國民族主義的形成：其發
端固然來源於傳統的族類思想，但成為一種「主義」，卻是收拾了日
本和西方的學理之後。由於彼時日本的民族主義學理基本也是舶來
品，中國士人真正「收拾」的，不過就是西方的民族主義學理。

　　或者即因為此，今日學人講中國民族主義或民族認同，常慣於從
近代才開始引入的西方觀念去倒推，有時不免似是而非。蓋昔日中國
人的思想言說中既然不含此一類詞彙，則本不由此視角出發去觀察和
思考問題，應無太大疑義。如果從近代才開始引入且仍在發展中的西
方觀念去倒推，便難以對昔人產生「了解的同情」。故研討近代中國
民族主義，一須追溯其秉承的傳統思想淵源，一須檢討其收拾的西方
學理，同時更必須將其置於當下的思想演變及相關社會變動的大語境
中進行考察，才能有更親切的認識。

　　在考察與近代中國民族主義有關的傳統觀念時，仍當注意其發展
演化的內在理路，特別是在近代西方觀念引入前夕士人對這些觀念的
時代認知。只有在搞清這一語境的基礎上，才能對時人怎樣收拾西方
學理以整合出近代中國民族主義思想觀念具同情的理解，以獲得較接
近原狀的認識。而且，這個收拾整合的過程本身至少與其結果同樣重
要。傳統族類思想的一些（而非全部）層面何以能復甦、西方的一些
（而非全部）學理何以會傳入、以及二者怎樣融合等諸多因素相互作
用的動態發展情形，都至關緊要。因此，最初的功夫恐怕還在於努力
重建晚清人與民族主義相關的本土思想資源及收拾整合西方學理的過
程，在重建中去理解時人的心態。

7　章太炎：《東京留學生歡迎會演說詞》（1906年7月），《章太炎政論選集》，湯志鈞
　　編，北京：中華書局，1977年，上冊，269頁。

　　傳統的夷夏之辨觀念常為人所誤解，已經到不重建就「失真」的程度了。夷夏之辨本以開放為主流，許多時候夷可變為夏（反之亦然），故中心與邊緣是可以轉換的，這一點最為近人所忽視。而夷夏觀念在清代的發展演變及清人認知中的夷夏觀念，更須側重。因為先秦及以後歷代之人怎樣認識華夷之辨固然重要，但清季士人的心態和認知對理解近代中國民族主義尤為切近。換言之，昔人的夷夏觀可以是多元或多面相的，但清季士人或者只接受昔人觀念的一面或一支，或者雖只接受其一部分而自信是接受了全體，也可能其觀念未必與昔人一致而自以為是一致的。對研究近代中國民族主義而言，最重要的是當時當事人所持有的可能自認是傳統的民族思想觀念，至於其觀念是否與昔者已不一致甚而至於有衝突，則是相對次要的。[8]

　　迄今為止的中國近代史研究，都明顯受到晚清以來趨新派、特別是革命黨人觀念的影響（雖然這影響主要是無意識的）。今日治中國近代史之人講夷夏之辨時，每好效法西人轉拾梁啟超牙慧，說什麼古人以為「中國即世界」，其實這在邏輯上是不通的。夷夏格局要有夷有夏，然後可「辨」；若中國即世界，是「夷夏」共為中國呢？還是「夏」為中國？若是「夷夏」共為中國，則「華夏」對新老之「夷狄」的不平等態度便與所謂「世界觀」無關。若是只有「夏」才為中國，則在「世界」之外的「夷狄」又是什麼界？故「華夏中心說」或者有之（世界歷史上少有一古代民族不認其所居之地是天下之中心者），「中國即世界說」實未必存在。[9]

8　參見羅志田：《夷夏之辨的開放與封閉》、《夷夏之辨與道治之分》，收入其《民族主義與近代中國思想》，臺北：三民書局，2011年，37-95頁。

9　參見羅志田：《先秦的五服制與古代的天下中國觀》，《民族主義與近代中國思想》，1-36頁；《天下與世界：清末士人關於人類社會認知的轉變》，《中國社會科學》2007年5期。

又如，今人每喜歡指責昔人只知忠君而不知愛國，實際是先存將君與國分開的「共和」成見。任何國家都有其主權象徵。在君主國或君主時代，君王就是國家最主要的主權象徵。陳垣指出：「臣節者，人臣事君之大節」，故古代「忠於君即忠於國」。而「君臣、父子、朋友，均為倫紀之一。必不得已而去，於斯三者何先？為國，則不能顧及親與友矣」。[10] 故昔日的君臣關係，正類後來個人與國家的關係。在西方的君主國，君主也是國家的主權象徵。例如，儘管「不列顛國」的地域已發生了很大的變化，英王過去是、現在也還是整個不列顛國的主權象徵（the sovereign symbol of the whole British nation）。一個君主時代的臣民，試問可以有不忠君的愛國嗎？換言之，一個對君不忠的臣或民，當時人能視其為愛國嗎？

實際上，「共和觀念」裡的一些關鍵字，也是由君主時代的詞彙過渡而來。在共和觀念興起之初的英語世界裡，今日通行的「國家」（nation）一詞，那時與「帝國」（the Empire）一詞是可以通用的。美國獨立前後，英美人就是用「帝國」一詞來表述「國家」的概念。英國保守主義大家柏克（Edmund Burke）在一七七五年時就是以「帝國」（the Empire）一詞來表述不列顛國（the British nation）的概念。不僅如此，即使在美國獨立並實行共和制後，也仍常見「美利堅帝國」（the American Empire）這樣的稱呼。美國人迪金遜（John Dickinson）就曾說：「一個國家（按他用的是 nation 而不是 kingdom 或 empire）的國王（king）或王族是可以改變的」。凡此種種，皆說明直到十八世紀下半葉，英語世界裡國家與帝國兩字是可以通用的。北美十三洲的獨立，一開始只不過切斷了它們對英國的忠誠，尚未形

---

10 陳垣：《通鑑胡注表微·臣節篇第十二、倫紀篇第十三》，北京：科學出版社，1958年，222、243-44頁。

成新的忠誠的中心。美國國家觀念是在失去舊象徵後逐步「發現和創
造」出來的。到一七七八年，一個表述為「新帝國」（a New Empire）
的美國國家觀念才開始形成，到一七八三年始基本確定下來。[11]

　　當然，有關國家象徵的觀念也是隨時代的變化而轉移的。中國傳
統的國家象徵如君主、宗廟、社稷，以及亡國象徵如屠鼎、易器、改
正朔、易服色等，至西方的主權觀念引進後便漸漸淡化。到民國後則
鼎、器等已多散失或進入了博物館，而正朔、服色等也均由中國人自
改自易，且改易也並未遇到強有力的反對（抵制者仍大有人在，特別
是曆法）。最能體現時代「話語權勢」轉移的莫過於：代清的雖是中
華民國，正朔、服色等卻均改從西式（或其變體）。清季人對此已有
所議論，也曾提出過一些回向傳統的改法，但似缺乏說服力，未能形
成影響。這一方面說明西潮的衝擊確實有力，另一方面大概也因國家
象徵的觀念已發生典範轉移：對絕大多數人來說，正朔、服色等已不
復被作為國家象徵來對待了（而什麼是新的國家象徵，未必是現成
的，恰是研究者需要斟酌處理的）。

　　可以說，對於中國「民族主義」，不僅不宜從近代才開始引入的
西方觀念去倒推，更不必以今日西方的定義來界定。實際上，西人關
於民族主義的界定也在不斷轉換，從無一個嚴格準確的公認定義。且
西人對民族主義的研究有明顯的「層累堆積」現象：關於民族主義的
研究越多越細緻，民族主義本身的起源就越早。近年的研究已將西方
民族主義的起源上溯到大約十五世紀，[12] 而較早的西方研究多傾向於
認為民族主義興起於十八至十九世紀而風行於十九世紀後期。清季民

11　參見Max Savelle, "Nationalism and Other Loyalties in the American Revolution,"
　　American Historical Review, LXVII:4(July 1962), pp. 902-905, 914-921.

12　說詳Liah Greenfeld, *Nationalism: Five Roads to Modernity*, Cambridge, Mass.: Harvard
　　University Press, 1992.

初人所「收拾」的，正是此類早期西方認知中的民族主義學理。

也只有在此之後，中國士人中的一部分才開始嘗試以西方的表述方式將中國的一些固有思想觀念整合併表述出來（孫中山即是一個典型的代表）。然而有意思的是，中外均有學者認為中國民族主義的誕生甚至早到宋代。呂思勉先生曾說：「民族主義，原因受異族的壓迫而起。中國自宋以後，受異族的壓迫，漸次深了，所以民族主義，亦漸次勃興。」[13] 而田浩（Hoyt C. Tillman）也從陳亮那裡讀出了「原初的民族主義」（proto-nationalism）。[14] 其實，作為一種「主義」，民族主義畢竟是在一定時段興起的外來觀念，即使界定得再寬鬆，在西人自己都不怎麼講民族主義時，中國又何來民族主義？對十九世紀中期以前中國的種種行為學說，要冠以民族主義的稱謂，或需先進行特別的界定。

關於近代中國民族主義於何時興起以及哪些人是早期中國民族主義者，西方學者的見解也相當「百花齊放」。梅谷（Franz Michael）認為洪仁玕是「中國最早的近代民族主義者（modern nationalist）之一」；而柯文（Paul Cohen）則從王韜那裡看到了早期中國民族主義（incipient Chinese nationalism）。[15] 他們顯然都同意中國民族主義興起於十九世紀中葉。但陳志讓則主張義和團運動才意味著「中國民族主義的誕生」。[16] 而杜威又認為五四運動的意義相當於「民族/國家的

13 呂思勉：《歷史研究法》，上海：永祥印書館，1948年再版，35-36頁。

14 Hoyt C. Tillman, "Proto-Nationalism in Twelfth Century China, the Case of Chen Liang," *Harvard Journal of Asiatic Studies*, 39:2(1979), pp. 403-428.

15 Franz Michael, *The Taiping Rebellion*, Seattle: University of Washington Press, 1966, pp. 136-37; Paul Cohen, "Wang T'ao and Incipient Chinese Nationalism," *Journal of Asian Studies*, 26:4(August 1967), pp. 559-574。

16 Jerome Ch'en, "The Nature and Characteristics of the Boxer Movement," *Bulletin of the School of Oriental and African Studies*, vol. 23(1960), p. 307.

誕生」（他在一九一九年六月一日的信中說：「我們正目睹一個民族/
國家的誕生（the birth of a nation）」）。徐中約顯然同意杜威的看法，
他以為，五四學生運動標誌著作為一種「新力量」的民族主義在中國
的「出現」。[17]

　　這些人的一個共同特點是均從其觀察或研究的對象那裡看到了
「民族主義」在中國的發生，恰提示著「民族主義」對他們來說正不
啻「望遠鏡與顯微鏡」；他們在考察研究中國的特定事物之前，有可
能手上已先拿著這一有效的武器，誠所謂我欲仁而斯仁至，對鏡一
窺，當即看個正著。而這些解讀中國的學者也可能有意無意中受到晚
清以來中國趨新派和革命黨人觀念的影響，總希望找到新舊中國之分
界點（以為「新」正名），故其所見也就都成了最初和第一了。

　　不論產生於何時，近代中國民族主義與西方民族主義實有同有
異。近代歐洲民族主義既有針對既存政權的民主（或晚清人愛說的
「民權」）傾向，也有針對外族威脅、征服和占領而強調集體意識的
傾向；前者更多是內傾的，後者則以外向為特點。正像法國大革命時
期的革命者攻擊法國君主制未能完成其自身制訂的統一民族國家
（national unification）的任務，因而應被推翻一樣，晚清的中國民族
主義者首先也是在得出了清政府不能救亡圖存的結論這個基礎上，才
逐漸認同於以反清為表徵的帶種族色彩的民族主義。

　　身處西強中弱而面臨帝國主義侵略直接威脅的晚清人，對西方民
族主義的認知及其收拾何種西方的「學理」，更有其特定的選擇。章
太炎、梁啟超那一代士人雖也強調「民權」，卻從整個西方民族主義

---

17 "John Dewey from Peking," June 1, 1919, in John Dewey and Alice C. Dewey, *Letters from China and Japan*, ed. by Evelyn Dewey, New York, 1920, p. 209; Immanuel C.Y. Hsu, *The Rise of Modern China*, 2nd ed., New York: Oxford University Press, 1975, p. 605.

學理中更多地看到了外向的一面；他們是在清政府「不能救亡圖存」的思想基礎上逐漸認同於以反清為表徵的民族主義，儘管帶有種族色彩，其最終針對的，主要仍是入侵的帝國主義勢力。[18]

過去的看法，至少在歐洲各國，通常通過共同語言等因素結成的長期的共同命運早已產生出某種認同感。近年的新見，則有所謂「想像的共同體」之說。[19] 當然，此處的「想像」，並非虛擬之意，乃側重人為的創造和構建。實際上，人的自身聞見永遠是有限的，稍寬廣的時空範疇，從來都不能不借助想像。胡適一九三三年曾說，「今日一般人民的不能愛國家，一半是因為人民的教育不夠，不容易想像一個國家」。[20] 他顯然認為知識和了解是想像的基礎，所謂「秀才不出門，能知天下事」，就是據知識而想像的一個常見說法。

梁啟超早年曾說，中國人缺乏國家思想的表現之一，是「知有天下而不知有國家」。[21] 蔣廷黻甚至到一九三三年還說中國「仍舊是個朝代國家，不是個民族國家」。他的依據即是「人民的公忠是對個人或家庭或地方的，不是對國家的」。[22] 效忠的前提是「知有國家」，而全國性的思慮與見聞和知識，與此有著直接的關聯。

近代報刊、電報和鐵路等，成為讓人更多了解「國家」的新手段。而讀書識字的士人，相對更能享受這些新事物提供的「知識」。

---

18 後來新文化運動那一代知識分子則越來越多地注意到民族主義對內的一面，但以文化傳統而非現存政權為主要的進攻目標，他們雖也重視「民治」，然實更強調個人的解放。

19 參見本尼迪克特‧安德森：《想像的共同體：民族主義的起源與散布》，吳叡人譯，上海：上海人民出版社，2003年。

20 胡適：《建國與專制》，《獨立評論》第81號（1933年12月17日），4-5頁。

21 梁啟超：《新民說》（1902年），《飲冰室合集‧專集之四》，北京：中華書局，1989年影印本，20-21頁。

22 蔣廷黻：《革命與專制》，《獨立評論》第80號（1933年12月10日），5頁。

安德森（Benedict Anderson）也論及現代出版事業使信息溝通普及，打破了區域性的隔閡，有助於居民想像並認同於一個民族共同體。[23] 如果報刊輿論有這樣的作用，物質層面的電報和鐵路、輪船等或有著更直接的推動作用。這些新事物擴大了區域性事務的影響，使其得到跨區域的關注，讓人們在感性層面更直觀也更進一步地了解和認識自己的國家，故也可以說「縮小」了全國的範圍。

張之洞很早即注意到新型媒體在開通見識方面的作用，其《勸學篇》曾專闢一節以論「閱報」說：「乙未以後，志士文人創開報館，廣譯洋報，參以博議。始於滬上，流衍於各省，內政外事學術皆有焉。雖論說純駁不一，要以擴見聞、長志氣，滌懷安之鴆毒，破捫籥之瞽論。於是一孔之士、山澤之農，始知有神州。」[24] 可知當年「見聞」的擴充，的確有助於對「神州」的整體認知。但報紙等的「提高」更多是針對所謂「一孔之士」，而傳統中國讀書人向以「天下士」自居，即使居鄉為紳者，也要「處江湖之遠，則憂其君」，不能局於一隅。

且「天下」皆是「王土」，與「國家」本來相通。身為「天下士」而不知有「國家」，頗近於癡人說夢。只有為「國家」添加一些類似西方「民族國家」概念一類的後出界定，或勉強可說身為「天下士」而不知有「國家」（但那是另一層面的討論，與時人的地理和社會層面的空間認知無關）。即使從西方「國家」概念看，仍不能改變士人以天下為己任的抱負和眼光。斯嘎琪裒（Theda Skocpol）就曾依據二手研究指出，中國士大夫有建立在科舉考試之上的超地方取向（extralocal orientation），在體制的引導和限制下，士人必須從帝制

23　參見安德森：《想像的共同體：民族主義的起源與散布》，中譯本，33-35、46-55頁。
24　張之洞：《勸學篇·閱報》，《張文襄公全集》（4），北京：中國書店，1990年影印本，574頁。

「國家」的眼光來看待地方社區。[25] 故以天下為己任的讀書人，不待報紙提倡，仍會以「神州」為關注對象。

在「知識」以文字表現並通過閱讀來獲取的時代，技術手段的改變對「想像」的影響是明顯的。不過，在四民社會的時代，經典既是通向真理的途徑也是真理的一部分，[26] 或因能夠讀經解經而地位崇高的士人，通常是鄉民追隨的楷模。若士人為天下士，則「山澤之農」也並非不能超越鄉土而「想像」整個神州。當然，「天下士」更多是理想型的，以數量言，或者還是「一孔之士」為多；追隨這些人的鄉民，大致也以局限於鄉土的一孔之見為主。在「新知識」逐漸普及之前，梁啟超的說法，亦非無根之談。

不過，即使承認中國人民因教育不夠而「不容易想像一個國家」的胡適，也認為「照廣義的說法，中國不能不說是早已形成的民族國家」。具體言，在民族的自覺、語言文字的統一、歷史文化的統一和政治制度的統一與持續等條件上，「中國這兩千年來都夠得上一個民族的國家」。[27]

這個問題在二十世紀五〇年代曾引起爭論，關於「漢民族形成問題」的辯論成為史學界所謂「五朵金花」之一。起因是蘇聯學者提出中國民族形成於十九世紀之後，[28] 因牽涉到斯大林關於民族形成的定義，也受到意識形態的影響。隨後范文瀾以《禮記・中庸》所說秦統

---

25 Theda Skocpol, *States and Social Revolutions: A Comparative Analysis of France, Russia, and China*, Cambridge, England: Cambridge University Press, 1979, p. 70.

26 安德森曾明確將此作為前民族主義的文化概念，參見《想像的共同體：民族主義的起源與散布》，35頁。

27 胡適：《建國與專制》，《獨立評論》第81號，4-5頁。

28 格・葉菲莫夫：《論中國民族的形成》，《民族問題譯叢》，1954年第2輯。此文及相關論文已收入《歷史研究》編輯部編的《漢民族形成問題討論集》，北京：生活・讀書・新知三聯書店，1957年。

一後「今天下車同軌，書同文，行同倫」來對應斯大林關於「民族是歷史上形成的一個有共同語言、有共同地域、有共同經濟生活以及有表現於共同文化上的共同心理狀態」的共同體這一界定，從而提出：秦漢以下的漢族是「在獨特的社會條件下形成的獨特民族」，中國也同時成為統一的國家。[29]

這一見解直接挑戰了整個二十世紀關於「民族」的中外思考，故其意義遠不止於「漢民族的形成」，值得認真反思。其實范文瀾已經表述得相當「退讓」，如果不認為關於人類的道理都只能依據某些地域經驗所產出才算「真理」，或放棄人類社會中的「民族」只能產生於近代某一時段的定見，則秦統一後的中國歷史條件未必就真「特殊」，而中華民族很早就形成也未必就很「獨特」。且不說相關人群的數量和地域的寬窄，一般情況下，似不必以時間上後出者為正常和普遍，而先已存在的反成為特例。

范文瀾已提供或未曾提供卻實際存在的論據，在很大程度上也適應「群體認同」一類近年關於族群的新思考。即使持民族建構說的學者，也並不根本反對共同語言等幾個「共同」與民族構成的關聯，它們正可以是「想像」的基礎。蓋不論怎樣詮釋時間，即使是本雅明（Walter Benjamin）所謂「同質、空洞的時間」（homogenous, empty time），「民族」這一共同體都不僅是「水準的」和「橫向的」，而是縱橫彙聚的──「想像」一個共同體不能沒有認同感，後者與群體的記憶有著直接的關聯，而記憶是歷時性和共時性的並存，永遠有「縱向」的一面。

不論是因共同語言等結成的長期共同命運產生出的認同感，還是

---

29 范文瀾：《試論中國自秦漢時成為統一國家的原因》，《歷史研究》，1954年3期，收入《漢民族形成問題討論集》，引文在13頁。

近代通過「想像」重建出的認同感，都要有某種既存而可「調動」的
因素在（即章太炎所謂潛藏於心者）。倘依「幾個共同」的舊說，民
族主義者只需訴諸這些略帶模糊的認同感，將其喚起並使之在意識層
面融成一個活躍而自覺的大眾民族認同，便能化為政治力量；若按
「想像」的新說，則更強調人為構建作用之能動意義和與「資本主
義」相關的技術條件（詳另文）。

　　一般所說的民族主義在歐洲興起，恰與所謂近代化在同一時段。
此時兩種最有意義的社會變遷，是舊的社會形態與社區生活形態的解
體，以及資產階級和所謂「普通人」即大眾的出現。這兩者的互動產
生了強有力的民族認同感，並很快就轉化為政治行動。故愛默森
（Rupert Emerson）以為，與資產階級和大眾的興起同時段的歐洲人
對政治的民主參與那種明確要求，是緊隨在數世紀的民族建構
（nation-building）之後的。[30]

　　有些人即據此歐洲經歷，將「民主」也看作民族主義的一個重要
有機組成部分。在中國，中華民族這一稱謂雖後出，以華夏為表徵的
文化認同感卻「建成」甚早，在近代民族主義興起之前千百年久已凝
固，無需由什麼人來強化；中國也未見多少近代歐洲那種在民族「建
成」之後對民權的自覺認識和對政治參與的明顯要求（這部分可能因
為傳統中國政治制度的基石科舉制確有開放的一面），故「民主」到
底是不是民族主義的一個重要組成部分，近代中國士人對此並無確定
的共識。在二十世紀三〇年代外患深重時，民主與救亡這一民族目標
是否衝突（未必像今日有人主張的一定衝突），反而成為知識分子爭
論的熱點。[31]

---

30 參見Rupert Emerson, *From Empire to Nation: The Rise to Self-assertion of Asian and African Peoples*, Cambridge, Mass.: Harvard University Press, 1960, pp. 93-95.

31 關於抗戰前「民主與獨裁之爭」及其與民族主義的關係，參見徐思彥：《什麼樣的

　　近代中國民族主義的興起確實也伴隨著社會的劇變，但卻是與西方相當不同的社會變遷。思想上的正統衰落和異軍突起與四民社會的解體直接相關。工商業者的興起的確可見，但同時知識分子的邊緣化與邊緣知識分子而不是所謂大眾的「出現」和興起似與政治有更直接的關聯。從社會視角看，民族主義運動有其特殊的吸引力。邊緣知識青年在其中找到自身價值的實現，從不值一文的白丁（nobody）變成有一定身份地位的「人物」（somebody），國家的拯救與個人的出路融為一體。菁英知識分子也在這裡發現一個選擇，即一條通往回歸到與大眾和國家民族更接近的路徑。民族主義運動為知識分子的邊緣化和新興的邊緣知識分子都提供了某種出路，其在近代中國自然影響深遠。[32]

　　另一方面，雖然中華民族的認同感早已凝固而無需強化，但對一般中國人來說，這個民族認同感恐怕更多是像章太炎所說的那樣潛藏在心中，遠未達到「活躍而自覺」的程度。如果不出現大的內憂外患，大約也就會基本維持在潛存的層面。從這個角度看，近代中國民眾的民族認同感仍是可以被「喚起」而轉化為政治力量的。一旦有社會、政治的大變動，尤其是遇到外患時，「先知先覺」的民族主義者仍可訴諸大眾的民族認同感，將其喚起並使之轉化為政治力量（詳後）。

　　正因為近代中外民族主義者面臨著相似而又相當不同的語境，近代中國民族主義存在一些既與同時代的殖民地不同，也與民族主義的

政制才能救亡圖存》，這是徐宗勉、張亦工等著《近代中國對民主的追求》一書的第10章，合肥：安徽人民出版社，1996年，393-419頁；陳儀深：《獨立評論的民主思想》，臺北：聯經出版公司，1989年，59-151、255-259頁。

32 參見羅志田：《失去重心的近代中國：清末民初思想權勢與社會權勢的轉移及其互動關係》，《民族主義與近代中國思想》，153-197頁。

發源地西歐不同的特色：第一，一般民族主義多回向傳統，從歷史中尋找昔日的光榮，而近代中國民族主義者中不少人往往從傳統中尋找不足以擯除或改進，以激烈反傳統的方式表述具有顯著民族主義傾向的熱切關懷；第二，各國民族主義者通常都強調民族至上，可是近代中國士人多主張一個與傳統大同觀念相近的終極目標，嚮往無政府主義、世界主義、社會主義和共產主義這樣一些帶有「超人超國」意味的理念，實即試圖通過否定族群文化認同（特別是強勢的西方文化認同）的方式來舒緩中國在中外競爭中的不利，其實也出自其強烈的民族主義情懷。下文先簡單分析近代中國民族主義與眾不同的兩大特色。

二　激烈反傳統：近代中國民族主義特色之一

　　一九二九年底，胡適與英國人類學者塞利格曼（C. G. Seligman）夫婦談中國人與日本人的差別。塞夫人提出，他們「與日本人談話，日本人總要誇張日本的好處，惟恐人說日本的壞處。中國學者便不然」。胡適以為，「日本有好處可誇，何必不誇？我們若有好處可誇，又何必自貶？日本人以稱道自己好處為愛國，我們以指謫自己不好之處為愛國，正各行其是也」。[33] 最後一句是點睛之筆，從十九世紀末以來，許多中國讀書人的確是有意「以指謫自己不好之處為愛國」。

　　中國在近代中外競爭中屢屢失敗，但除一些割地和少量租界外，領土基本得以保持完整；不平等條約固然侵犯了部分主權，但基本的主權仍在中國人手中。這樣，西方雖力圖在中國取得全面控制，卻不

---

33 《胡適日記全編》（以下簡作《胡適日記》），曹伯言整理，合肥：安徽教育出版社，2001年，1929年12月15日，第5冊，574頁。

能像在殖民地那樣直接破除中國的本土文化，只能採取間接的滲透方式。故中國士人對西方文化的仇視和抵制通常較殖民地人為輕，在面對西方壓力時，有更大的迴旋餘地，更多的選擇自由，更能去主動接受和採納外來的思想資源。且中國傳統本有「反求諸己」的取向，面臨失敗的讀書人，很容易多向自己方面尋找問題。

　　隨著探尋的深入，中國問題的根源也從物質到制度再到文化，日益向深層發展。到十九世紀末，基本形成一種必須從整體轉變甚至揚棄傳統然後國家民族可以復興的傾向。從那時起，近代中國士人的一個共同心結即大家為了中國好，卻偏偏提倡西洋化；為了愛國救國，偏要激烈破壞中國傳統。在同一「愛國、救國」之目標下，有人固以為愛國即抱陳守缺，而像譚嗣同等另一些人卻以為非得「衝決一切網羅」不能畢其功，只有以激烈破壞和個人主義的手段，才能挽狂瀾於既倒。結果出現破壞即救國，愛之愈深，而破之愈烈，不大破則不能大立的弔詭性現象。[34] 這一傾向經新文化運動而更趨強化，直到「九・一八」後才因外患的日益深重而逐步減退，而其餘波迄今未息。[35]

　　或受西方民族主義的影響，清末一些人特別看重「權操在我」的取向，從「自改革」到「自破壞」，發展出一種以破壞求自立的主張。湖南人楊毓麟說，自立既要有方針，還要有「程度」，而破壞就是「自立之程度」。「改造社會者，不能仍舊社會而組織之，則必破壞舊社會而滌盪之」。他也承認破壞不好，但「兩害相形則取其輕。今日不暴

---

34 參見王汎森：《章太炎的思想》，臺北：時報出版公司，1992年二刷；羅志田：《評介〈章太炎的思想〉》，《中國社會科學》1997年5期。

35 直到今天，「讀經」便仍是敏感話題。儘管「反傳統」形式反映的現實關懷已有相當大的改變，許多反傳統者希望國家民族「變好」的愛國情懷仍不必質疑。另一方面，類似「中國可以說不」、「中國不高興」的言論，多被西方觀察家視為「中國民族主義」的新高漲，其實這些表述的思想資源和思考方式，倒均是西方的。

動，不能禁他人之不破壞我」；「與其他日見破壞於外人，何如發之自我，尚可以收拾之哉」！[36] 這樣一種「我自己能夠敗，我必定自己能夠興」的自信觀念，[37] 在當時還較為普遍（通過地方自立這一「分裂性」的舉措來完成全國真統一的思路，也與此密切相關，詳後）。

而西來的民族主義學理，也給士人提供了新的詮釋工具。一九〇三年《浙江潮》上的一篇文章說：「夫國於世界而有歷史，則自其『祖宗社會』之所遺，固有不能不自國其國者。不能不自國其國，而其國民之文明力乃不能與人抗，則天然之壓力，乃迫之使不得不去舊而迎新。」但去舊迎新也分兩種：「去之取之自己者，則能吸入而融化之，而活用之，其種存，其國興。」若是「與之去之自人者，則奴隸而已矣；其種絕，其國亡」。所以，「凡憂強民族與劣弱相遇，其文明之同化力，乃能吸入而融化之」。然必須「發揮特性」，也就是「屬其固有，使足與世界相競」。作者指出：「特性者，運用文明之活力也。」故「種之強弱，視其文明；文明之高下，視其運用力」。[38]

這篇文章裡的「憂強民族」與「劣弱民族」的概念，仍受嚴復「天演論」影響，但已提出一種與「天演論」有所不同的學西方思路，即特別強調學習的主動與被動，並以「運用力」來判斷「文明之高下」與「種之強弱」，後者尤其與以勝負決優劣的「優勝劣敗」說大有區別。故民族主義學理為近代中國人提供了新的思路和取向：從此角度出發，只要是主動吸取他人之文明，使固有強化，不但不存在

---

36 楊毓麟：《新湖南》（1903年），《楊毓麟集》，饒懷民編，長沙：嶽麓書社，2001年，57-60頁。

37 君衍：《法古》，《童子世界》（1903年5月），張枏、王忍之編：《辛亥革命前十年間時論選集》，卷一下，北京：生活‧讀書‧新知三聯書店，1960年，《辛亥革命前十年間時論選集》，532頁。

38 本段與下段，餘一：《民族主義論》，《浙江潮》（1903年），張枏、王忍之編：《辛亥革命前十年間時論選集》，卷一下，489頁。

自己先是否低劣的問題,反是能學習者就憂強。作者以為,「一民族之於世界,猶個人之於學」;同一本書,而不同讀者所得各異,「蓋外界之所異,必視內力厚薄以為差」。假如學得主動,善用其固有特性,終可達到「久之內外復互相劑」的結果。

一九〇四年刊於《揚子江》的一篇署名文章充滿希望地說:「有新國家必有新國政,有新國政必有新國民。二十世紀之新中國,其民族能鑄成一特別之天性,光明於全球大陸,而不為人類館參考玩具、不為演說家詆諆材料者。」也只有接受民族自治觀念這一「大影響」,才能成就此「大價值」。[39] 可知當時刺激中國人最深的,正是中國已成外國「人類館參考玩具」與中外「演說家詆諆材料」。那時一般言及民族主義者,均知強調民族的固有「特性」;此文作者則頗有前瞻眼光,試圖遵循「自治主義」以「鑄成一特別之天性」。

故愛默森以為:一個民族或國家的全民族目標和價值體系,不是從傳統中生出,就是指向一個風格不同的未來。[40] 前者回向傳統,從歷史中尋找昔日的光榮;後者面向未來,從前景中看到民族的希望。殖民地人因傳統已面臨被打壓殆盡的情景,而前景實不容樂觀,故一般更多地回向傳統;在領土主權基本保持的所謂「半殖民地」(或孫中山所謂「次殖民地」)國家,士人似乎更傾向於憧憬一個美好的未來。上面所謂重新「鑄成一特別之天性」,即是在「指向一個風格不同的未來」層面來重建「民族或國家的整體目標與價值體系」。

「回向傳統」和「面向未來」這兩種類型的民族主義在近代中國同時存在,近代中國的新舊之爭,正可從此角度思考。一般而言,在所處現狀並不令人愉快之時,過去和將來都不僅提供一種可能的選

39　遁園:《論民族之自治》,《揚子江》(1904年),《辛亥革命前十年間時論選集》,卷一下,955-956頁。

40　Emerson, *From Empire to Nation*, p. 367.

擇，而且當下就提供對現實的某種迴避，因而都有相當的吸引力。既然中國的過去已被「證明」不行，而現狀又不佳，「有所變」的確是那時多數人認為唯一可行的取向。伴隨進化論而來的「優勝劣敗」說固然使很多人不舒服，但人類在不斷進化這一規律本身，卻讓中國士人看到了希望：正因這是社會發展「規律」，中國文化的「野蠻」和「低劣」只能是暫時的（梁啟超提出的「過渡時代」[41]觀念受人歡迎處也正在此），中國必然有發達的一天，西方不過是先走一步，此時暫處前面而已。[42]

不過，由於近代中國的新與舊本身已成價值判斷的基礎，故從傳統中生出的一派不可能成為主流。且守舊派確實既提不出對現實問題的解決方法，更不能從復舊（已經失敗的舊）中保證比現在更好的將來。而趨新派至少可以描繪美好的前景；他們立足於這一想像的描繪，可以提出無限多種可能解決現存問題的辦法。[43]

對於許多趨新者來說，由於未來必然是或至少可能是美好的，本民族固有之文化是否保存已不那麼重要，從傳統中尋找不足（而非光榮）以擯除或改進這樣一種「反求諸己」的取向不但不那麼可怕，且成為走向美好未來的必由之路。章開沅先生注意到：一九〇三年時的上海新人物，即主要是「面向未來，因而敢於否定過去」。[44] 後來的

---

41 梁啟超：《過渡時代論》（1901年），《飲冰室合集‧文集之六》，27-32頁。

42 進化論的功用是多方面的，同樣是學西方，很多人因嚴復化約出的「優勝劣敗」公式而接受中國文化低劣的觀念（因為屢被戰敗），故思通過學習更高的文明而提高自己，是所謂知恥而後勇；但也有一些人可能因此而喪失奮鬥的信念，無恥辱之心，完全拜倒在外來文化之下。《東方雜誌》的一篇署名文章就說，如果把中外競爭的失敗視為「當然之公例」，則失敗後「愧怍既無由生，其心竟即不復振」。蓮照：《論中國有救弊起衰之學派》，《東方雜誌》第1年第4期（1904年6月），社說欄65頁。

43 參見本書《新的崇拜：西潮衝擊下近代中國思想權勢的轉移》。

44 章開沅：《論1903年江浙知識界的新覺醒》，收入其《辛亥前後史事論叢》，武漢：華中師範大學出版社，1990年，181頁。

新文化運動，實多偏向於這一取向。但正因為他們的基本目標是力圖重建「民族或國家的整體目標與價值體系」，以「指向一個風格不同的未來」，他們的反傳統，恰是出於民族主義的關懷。這是近代中國民族主義與其他許多地方民族主義的一個顯著區別。

　　或亦因此，清季中國士人一面努力收拾西方的民族主義學理，一面又試圖與西方保持一定的距離。一九〇四年《江蘇》雜誌一篇論民族精神的文章說：

> 民族精神所由發現者有二：其一曰由歷史而發生者也；其二曰由土地而發生者也。言愛國者，群推歐洲。歐洲之史，進步之史也。非唯歐人愛之，吾亦愛之。然而，吾愛之而不能發達之使如歐人之自愛者何也？則以吾國歷史、土地之不同使然也。祖宗之血質、社會之習慣、個人之感情，既使我以不能愛吾國而兼愛其他，則吾之愛吾國也不得不專。而見他人之國，雖其機械發明、文藝日新，吾亦唯崇拜之尊貴之而已。又豈可自許其文明，遂心醉西風哉！[45]

　　這裡「言愛國者，群推歐洲」一語，最能提示當時中國「話語權勢」之所在。這篇文章特別提出區分崇西、尊西與心醉西風的差別，是個重要差異：對西方尊而崇之並無不可，但愛則仍在吾國，這是最後的準則。正如此文作者所說：「言民族之精神，則以知民族之歷史與其土地之關係為第一義，而後可以言生存競爭之理。」立腳點站穩之後，當時流行的生存競爭、優勝劣敗之理便不容易影響民族自信。從思想的社會角度考察，只要落實劣敗者為「我」而思改進之，則無

---

45 本段與下段，《民族精神論》，《江蘇》，《辛亥革命前十年間時論選集》，卷一下，840頁。

論其出何策（包括反傳統與全盤西化），仍然是民族主義者。故觀察近代尊西之人，最後還要看其是否愛歐洲或愛「文明」勝過愛祖國。只要不逾此最後界限，應該說都是民族主義者。

在愛默森看來，從世紀之交的民族主義思想先驅者孫中山開始，中國無疑已步入一個民族主義階段，其標誌是不再為了已經被歷史證明為失敗的舊世界而與入侵者鬥爭，即不再以因衝擊而反應的模式與外來勢力為敵；而是尋求一種新的途徑，努力接受外來的新事物，摹仿西方的榜樣。[46] 不過，孫中山雖也尊西趨新，那一代革命黨人的民族主義是以反滿鬥爭為開端的；真正面向以西方為核心的「世界」者，恐怕更多是新文化運動那一代人。故反傳統的傾向雖興起於清末，卻大盛於新文化運動時期。

以前不少人將新文化人的激烈反傳統歸因於傳統的壓迫，其實不盡然。[47] 胡適就指出，文學革命與以前的白話文運動的一個不同，就是「老老實實的攻擊古文的權威」。換言之，文學革命的「建設性」中，本身就包含了主動的攻擊性。他曾定義說：「新思潮的根本意義，只是一種新態度。這種新態度可叫做『評判的態度』。」其「最好的解釋」即是尼采所說的「重新估定一切價值」這八個字。胡適明確指出，那「重新估定一切價值」即「凡事要重新分別一個好不好」這一點，主要是針對中國文化的。新思潮首先要「表示對於〔中國〕舊有學術思想的一種不滿意」。他後來更進一步表揚尼采「對於傳統的道德宗教，下了很無忌憚的批評」；其「『重新估定一切價值』，確有很大的破壞功勞」。可知這「重估」雖然也還有分別出「好」的可

---

46 Emerson, *From Empire to Nation*, p. 205.

47 不過，從有壓迫就有反抗這一角度看，不論是確實的還是想像的壓迫，都能導致反抗。民初人反傳統，也多因想像的傳統壓力而起。對很多當事人而言，其感知中傳統的壓力的確是明顯的。

能性，卻無疑是側重於破壞和反傳統一線的。[48]

　　不過，胡適本自清末走來，他也帶有晚清人那種為「自立」而「自破壞」的心緒和思路。他自己曾說：「傳教士的真正價值，在於外國傳教士就像一個歸國留學生一樣，他總是帶回一種新的觀點，一種批判的精神。這樣的觀點和精神，是一個對事物之既存秩序逐漸習以為常、漠然無動於衷的民族所缺乏的，也是任何改革運動所絕對必須的。」[49] 這裡表面說的是傳教士，實則更像是一個即將歸國的留學生的自我定位，是典型的夫子自道。

　　這樣的宗教使命感，使胡適有意無意間抑制了自己持有的許多觀念。為了心理的完形和維持個人形象的完整一致，他不得不做出許多調整，甚至不知不覺進到為批判而批判的地步。胡適曾經攻擊其他留學生出主入奴，一回國即「欲舉吾國數千年之禮教文字風節俗尚，一掃而空之，以為不如是不足以言改革」。但他後來的所作所為，至少在功能上恰與此輩相近。雖然他個人未必如他所攻擊的那樣已忘記本國歷史之光榮、而為他國物質文明之進步所驚歎顛倒，但這正是許多人眼中胡適的形象。[50]

　　正因有意扮演「外國傳教士」這一社會角色，胡適的行為每與其在留學時立下的志願不甚吻合，特別是留學時較強的民族主義被壓抑到最低點（但也只是壓抑而已，此情緒仍存於胸中，有觸動就要發作）。他本來強調知歷史而後能愛國，也一直想昌明國學以興起愛國心，在其文學革命的「誓詩」中，原來是要「收他臭腐，還我神

48　胡適：《五十年來之中國文學》（1922年），《胡適全集》（2），合肥：安徽教育出版社，2003年，329頁；《新思潮的意義》（1919年11月），《胡適全集》（1），692-698頁；《五十年來之世界哲學》（1922年9月），《胡適全集》（2），354頁。

49　《胡適日記》，1915年3月22日，第2冊，104頁。

50　參見羅志田：《新舊文明過渡之使命：胡適反傳統思想的民族主義關懷》，《傳統文化與現代化》，1995年6期。

奇」，以昌明正宗的國學；[51] 幾年後卻不得不以「整理國故」出之，更不得不對人詮釋為是要「打鬼」，一變為截然相反的「化神奇為臭腐」。[52] 再後來胡適乾脆否認「中國學術與民族主義有密切的關係」，他提倡的整理國故只是學術工夫，「從無發揚民族精神感情的作用」。[53]

其實，新文化運動前後，國際形勢還相對緩和，也只有那時才能推行上述以「自立」為目標的反傳統取徑。周作人在抗戰時體會到：「太平時代，大家興高采烈，多發為高論，只要於理為可，即於事未能，並無不妨。但不幸而值禍亂，則感想議論亦近平實，大抵以國家民族之安危為中心，遂多似老生常談，亦是當然也。」[54]

「九‧一八」後，國土已在喪失，亡國的威脅迫近，傳統的地位立即上升。儘管有些新文化人仍在延續此前不久提出的關於「全盤西化」的辯論，但已有相當一些被後人界定為自由主義者的讀書人在「民主與獨裁」辯論中站在「獨裁」一方，實已在考慮什麼樣的政治制度更能救亡圖存。到國難深重時，新文化人更不得不一步步退向民族主義的本壘。胡適在抗戰爆發後終於走入實際政治而出使美國，因為「國家是青山，青山倒了，我們的子子孫孫都得做奴隸了」。[55] 滯留北京的周作人也說：「中國文學要有前途，首先要有中國人。」[56]

這些話絕非憑空而發，胡、周均是經受了辛亥革命洗禮的人，其安身立命處的思想，其實都在晚清形成。只有從清季保國與保教之爭這一思路去理解，才能得其深意。周氏在一九四五年初說：中國與希

51 《胡適日記》，1916年4月13日，第2冊，372頁。

52 胡適：《整理國故與「打鬼」》（1927年2月），《胡適全集》（3），146-148頁。

53 胡適致胡樸安，1928年11月，《胡適來往書信選》，北京：中華書局，1979年，上冊，497頁。

54 周作人：《藥堂雜文‧漢文學的前途》，北京：新民印書館，1944年，32頁。

55 胡適致江冬秀，1939年9月21日，《安徽史學》，1990年1期，77頁。

56 周作人：《藥堂雜文‧漢文學的前途》，32頁。

臘的文學，都有其消沉之路。希臘是因為被羅馬占領後封閉了希臘的學堂，中國則自韓愈被定為道與文之正統。「所可幸的是中國文學尚有復興之望，……而希臘則長此中絕，即使近代有新文學興趣，也是基督教文化的產物，與以前迥不相同。」[57] 這最能說明晚清人關懷的國亡與教墮的關係：國在則教尚有復興之望，國亡則一切皆空。

對「文學」看重，或是受外國新說的啟發。而中國真正獨特的，是表現在文字、歷史以及經學之上的文化。章太炎在一九一三年就說：「凡在心在物之學，體自周圓，無間方國；獨於言文歷史，其體則方，自以己國為典型，而不能取之域外。」[58] 晚年更提倡讀經讀史，強調「民族意識之憑藉，端在經史」。他特別指出，「凡百學術，如哲學、如政治、如科學，無不可與人相通」；只有「華夏民族之歷史，無可與人相通之理」。[59] 故「中國今後永遠保存之國粹，即是史書，以民族主義所託在是」。[60]

有意思的是，熊十力似乎比章太炎更不「開放」，以為「哲學有國民性。諸子之緒，當發其微；若一意襲外人膚表，以亂吾之真，將使民性毀棄」。[61] 在熊十力眼中，以諸子為代表的「哲學」，也有中國特色。而太炎對諸子學的態度則是有轉變的，他早年非常看重諸子學，在清季曾以為「惟諸子能起近人之廢」。但到晚年在蘇州辦國學講習會時，則感覺諸子講究相對抽象的義理，過分強調容易造成避實就虛的負面影響，故主張「諸子之學，在今日易滋流弊」，只能少

---

57 周作人：《立春以前・文學史的教訓》，上海：太平書局，1945年，122-125頁。

58 章太炎：《自述學術次第》（1913年），《制言》（半月刊），第25期（1936年9月16日），7頁（文頁）。

59 章太炎：《論經史儒之分合》（1935年6月），《國風》，8卷5期（1936年5月），193頁。

60 章太炎：《答張季鸞問政書》（1935年6月），《章太炎政論選集》，下冊，859頁。

61 熊十力：《紀念北大五十週年並為林宰平先生祝嘏》，《國立北京大學五十週年紀念特刊》，北京：北京大學出版部，1948年，28-29頁。

講；而其國學講習會的課程設置，則「以經為最多」。[62]

太炎中年時曾概述其平生學術為「始則轉俗成真，終乃回真向俗」。[63] 晚年更從俗中見真，發現孔子的言說雖平易，實以俗言真。面臨國難，他對虛實的體悟也更加深入。一則曰「通經即可致用，今亦可言通史致用」；[64] 再則曰「承平之世，儒家固為重要；一至亂世，則史家更為有用」。[65] 他曾經特別欣賞的佛法等「純粹超人超國之學說」，都「宜暫時擱置」。[66]

近代中國外競不利，士人嚮往的「超人超國」學說，何止佛法；章太炎自己，就曾有「五無」之說。[67] 類似無政府主義、世界主義、社會主義和共產主義等理念，都因帶有超然意味，往往是近義詞，也長期風靡。太炎在清末就說，中國的典章制度，有一「特別優長的事，歐美各國所萬不能及的」，就是「合於社會主義」的均田。從魏晉至唐，「都是行這均田制度，所以貧富不甚懸絕，地方政治容易施行」。不僅土地制度，「其餘中國一切典章制度，總是近於社會主義」。故「我們今天崇拜中國的典章制度，只是崇拜我的社會主義」。[68] 在那個時代，社會主義當然不僅限於均貧富，是典型的「超人超國」學說；然而冠以「我的」，作為中國勝過歐美的長處，便顯出了民族主義的情懷。

62 參見章太炎：《致國粹學報社書》，1909年11月2日，《章太炎政論選集》，上冊，498頁；章太炎復李續川書，引在屬鼎熿：《章太炎先生訪問記》，《國風》，8卷4期（1936年4月），132頁。

63 章太炎：《菿漢三言‧菿漢微言》，瀋陽：遼寧教育出版社，2000年，61頁。

64 章太炎：《論讀史之利益》（1934年），《制言》，第52期（1939年5月），2頁（文頁）。

65 章太炎：《論經史儒之分合》，《國風》，8卷5期，191頁。

66 章太炎：《答張季鸞問政書》（1935年6月），《章太炎政論選集》，下冊，861頁。

67 參見王汎森：《章太炎的思想》，115-125頁。

68 章太炎：《東京留學生歡迎會演說辭》，《章太炎政論選集》，上冊，278頁。

三 嚮往「超人超國」：近代中國民族主義特色之二

嚮往「超人超國學說」是近代中國讀書人的一個共相。清季以至民初中國讀書人雖因不斷的國恥和思想的西化而服膺西方近代民族主義，但最終還是暗存一種「道高於國」的觀念。對傳統的中國人來說，為保衛祖國而死，所謂「執干戈以衛社稷」而死君事（《左傳》哀公十一年），是大得讚許的。而其高明處，則不僅僅是捍衛了國家利益，還有一個在此之上的「取義成仁」的個人道德完形。一般而言，各國民族主義者通常都強調民族至上；可是中國從維新黨人到新文化運動讀書人再到國民黨人，都嚮往一種在民族主義之上的「大同」境界，主張一個與傳統大同觀念相近的終極目標。

他們往往事急則訴諸民族主義，事態稍緩，便又徘徊於各種接近「大同」的主義之間。故近代中國士人在說民族主義時，未嘗須臾忘記在此之上的大同；但他們在說世界主義或類似「超人超國」主義時，其實也都在表達民族主義的關懷。這是近代中國民族主義與眾不同的另一大特點，與近代中國的積弱有直接關聯：在思想已西化而社會還比較傳統的中國，作為一個弱國國民的中國讀書人，要面對西強中弱的世界格局，其內心深處的緊張真有無數層次，而身份認同問題無疑是最要緊的。

近代中國士人一方面有意識地要想疏離於「野蠻落後」的中國而認同於「優越的」西方，另一方面又更願意認同於西方思想資源中文化認同最不明顯或最具超越性的那一部分。他們在不得不學習西方的過程中，對外來的各種思想觀念，有意無意間總是選擇最少民族認同的「主義」，如無政府主義、世界主義、社會主義等。這樣不但避免了對「衰弱中國」的認同，同時也不必認同於「強大的西方」。其實就是畢其功於一役，大家無認同，也就否定了西方自身的文化認同。

這一選擇背後所隱伏的微妙的民族主義關懷和心態，很值得作進一步的考察分析。[69]

像胡適這樣一般認為民族主義傾向不強的人，便是探索近代中國民族主義這類特殊表現形式的最佳個案。少年胡適的民族主義情緒原甚強烈，他在上海澄衷學堂時寫的一篇題為《物競天擇，適者生存》的作文，就表達了一種從兵、學、財多角度全面競爭的民族主義觀念。[70] 後來胡適基本接受辛亥革命前讀書人的觀念，認為民族競爭最終是落實在「學戰」之上。在此基礎上，他一直持一種文化的國恥觀，憂國之將亡而思解救之道，特別關注文化碰撞與移入的問題。[71] 只有充分理解胡適這種少年讀書時已具有的強烈的民族主義情感，才能領會他在留學時期形成的世界大同主義的真意。

胡適在一九一二年秋尚存晚清人的觀念，對世界主義從整體上不十分欣賞。到一九一三年初，他已有以愛國主義為基礎的「現代世界主義」觀念，但仍不欣賞西方古代的世界主義。他特別認為丁尼生的詩「彼愛其祖國最摯者，乃真世界公民也」與他的見解暗合。一年後胡適撰文批駁「但論國界，不論是非」的雙重道德標準，以為道德標準不應對國人是一種，對他國之人或化外之人（outlandish people）又是一種。[72] 那英文的「化外之人」，正是白人稱殖民地人的術語，提示出胡適再三致意的「雙重標準」是針對西方而言，也就是章太炎

69 以下的分析相對簡略，詳見羅志田：《胡適世界主義思想中的民族主義關懷》，《近代史研究》1996年1期。

70 胡適：《四十自述》（1931-1932年），《胡適全集》（18），57-58、94頁。

71 《胡適日記》，1916年1月25日，8月22日，第2冊，325、467頁；胡適：《非留學篇》，原刊1914年的《留美學生季報》第3期，收入周質平編《胡適早年文存》，臺北：遠流出版公司，1995年，352-371頁。

72 《胡適日記》，1912年10月25日，1913年4月（原無日），1914年5月15日，7月26日，11月4日，第1冊，170、200、273-275、386-387、518頁。

指責「始創自由平等於己國之人，即實施最不自由平等於他國之人」的意思。[73]

第一次世界大戰初起，胡適雖認為歐人是為「國家」而不是為金錢而戰，但已感覺到「今之大患，在於一種狹義的國家主義，以為我之國須陵駕他人之國，我之種須陵駕他人之種」；為此目的，不惜滅人之國與種。這仍是因為對國內國際實行雙重標準的緣故：歐人在國內雖有種種道義準則，卻以為「國與國之間強權即公理耳，所謂『國際大法』四字，即弱肉強食是也」。[74]

長期傾慕「天演論」的胡適終認識到：達爾文的「優勝劣敗」天演學說本身「已含一最危險之分子」，今日世界之大患是強權主義，也就是以所謂「天演公理」為思想基礎的弱肉強食的禽獸之道。他發現西人也主張「天擇」之上還應該有「人擇」，以人之仁來救天地的不仁，所謂「我之自由，以他人之自由為界」就是以「人擇」限制「天擇」的學說。故在國際關係中當對人與對己一致，即「己所不欲，勿施於人；所不欲施諸同國同種之人者，亦勿施諸異國異種之人」。所以，當胡適說大同主義的根本是一種「世界的國家主義」時，生於弱國的胡適實際是以世界主義來反強權，特別是反抗種族和國家壓迫。也就是他自己所說的「以人道之名為不平之鳴」。[75]

胡適還直接到本城的長老會教堂去發表演說，指斥傳教士只有在處理國內事務時才稱得上基督徒，一旦進入國際事務，就判若兩人了。那些基督教國家認暴力為權威，將國家獲利、商業所得和領土掠奪置於公平正義之上。因此，「今日的文明，不是建立在基督教的愛

---

73 章太炎：《五無論》，《民報》，16號（1907年9月），7頁。

74 《胡適日記》，1914年10月26日，第1冊，507-511頁。

75 《胡適日記》，1914年12月12日、1914年10月19日，第1冊，564-565、501-503頁；1915年1月18日、1月27日，第2冊，12、29頁。

和正義的理想基礎之上，而是建立在弱肉強食的準則——強權就是公理的準則之上」。當年德國奪取膠州灣和法國侵占廣州灣，都是以一兩個傳教士被殺害為藉口。[76]

也就是說，個別傳教士的死早已成為所謂基督教國家進行領土掠奪的理由。這仍是章太炎指出的始創自由平等之人卻對他人不取自由平等的意思，但當胡適提出這些基督教國家的行為應為一九〇〇年的義和團運動負責時，他的意思實際上已比章太炎進了一步：如果西方不以自由平等待中國，則中國也可不以自由平等待西方。義和團運動本是近代所有中外衝突中胡適最感不能為中國辯護者，但現在他已認為西方也要為此負一部分責任了。

在意識和學理層面，胡適無疑對民族主義頗有保留，但他不講民族主義主要是因為中國國力弱，如果講民族主義便為強國張目，故希望通過提倡世界主義來抑制歐西國家的弱肉強食主義。同樣，後來孫中山專講民族主義、不講世界主義也是因為中國弱，以為如果講世界主義便為強國所用。兩人的出發點是一樣的，關懷也是同樣的。區別在於孫看見民族主義在中國可能的聚合力，而胡看見民族主義在西方已出現的破壞力。從根本上言，孫中山同樣受中國傳統的大同學說影響，他也不反對世界主義，只不過認為世界主義是下一階段的事。而胡適主張世界主義，是想越過民族主義而直接達到獨立自主和國與國平等，其要想「畢其功於一役」的心態又與孫中山同。

在理想的層面，胡適或者真希望世界一家。他曾對本城一牧師說，「今日世界物質上已成一家」，而世界「終不能致『大同』之治者，徒以精神上未能統一耳，徒以狹義之國家主義及種族成見為之畛域耳」。[77] 世界若真能一家，胡適就可脫離不高明的中國人之認同而

---

76 參見《胡適日記》，1915年3月22日中所附的演說內容，第2冊，101-104頁。
77 《胡適日記》，1914年11月17日，第1冊，540頁。

成世界公民，當然也就不受「種族成見」的影響了。但一「家」與世界公民並非同一概念。「一家」也好，「大同」之治也好，這些詞語的使用說明胡適自己所持仍是中國觀念。像許多二十世紀中國讀書人一樣，他在安身立命之處仍嚮往著傳統的士那種相對超越的心態。

與此相類，以「漢奸罪」被論定的周作人，曾有嚮往「世界民」的心態，一般多將其視為民族主義情緒較弱的一類。他與民族主義和世界主義相關的思想演變過程，也很能說明趨向「超人超國學說」正是民族主義的表現形式。周作人屬於他所說的「受過民族革命思想的浸潤並經過光復和復辟時恐怖之壓迫者」，他自述其早年具有「尊王攘夷的思想，在拳民起義的那時候聽說鄉間的一個洋鬼子被『破腳骨』打落銅盆帽，甚為快意，寫入日記」。後來讀了《新民叢報》和《民報》等新刊物，乃「一變而為排滿（以及復古），堅持民族主義者計有十年之久，到了民國元年這才軟化。五四時代我正夢想著世界主義，講過許多迂遠的話」。[78]

可知周氏早年的民族主義與同盟會人相類，是以排滿為主。民國代清，這樣的民族主義成為無的之矢，自然也就「軟化」了。五四時代的周作人「因為對於偏狹的國家主義的反動」而「養成一種『世界民』（Kosmopolites）的態度，容易減少鄉土的氣味」。[79]他後來承認：「照理想說來，我們也希望世界大同，有令天下書同文的一天。但老實說這原來只是理想。若在事實上，則統一的萬國語之下必然自有各系的國語，正如統一的國語之下必然仍有各地的方言一樣；將來的解決方法，只須國民於有方言以外必習國語，各國民於國語以外再

---

78 周作人：《雨天的書・元旦試筆》，《周作人全集》，臺北：藍燈文化公司，1992年，第2冊，345頁。

79 周作人：《自己的園地・〈舊夢〉序》，《周作人全集》，第2冊，84頁。

習萬國語，理想便可達到。」[80] 民初知識分子試圖將世界主義與民族主義共存的理想，在這裡有清晰的表述。

到一九二三年，周氏「仍然不願取消世界民的態度，但覺得因此更須感到地方民的資格，因為這二者本是相關的」。他自謂仍「輕蔑那些傳統的愛國的假文學，然而對於鄉土藝術很是愛重：我相信強烈的地方趣味也正是『世界的』文學的一個重大成分。具有多方面的趣味，而不相衝突，合成和諧的全體，這是『世界的』文學的價值，否則是『拔起了的樹木』，不但不能排到大林中去，不久還將枯槁了。」[81] 這才是關鍵：嚮往作「世界民」的中國讀書人，最終是想要將中國排到世界這一「大林」中去。

更年輕的創造社成員鄭伯奇在幾乎同時的一段話清楚地表達了許多人的共識，當時正在提倡「國民文學」的鄭氏感到有必要解釋「國民文學絕對不是利用藝術來鼓吹什麼國家主義或新國家主義的」，且國民文學也不致與世界文學衝突，「我們是世界市民，我們是Cosmopolitans，這是我們的理想；我們是中國人，是漢人，這是現實。⋯⋯是個中國人，他便要觀照中國人的生活，感觸中國人的性情，關心中國人的運命，這才是真正的藝術家、文學家。」[82]

早在近代講洋務的初期，就有人主張「破華夷之界」，因為西學也是「天地間公共之道」，不得為西人所私有，華人也應當學習。二十世紀初年講求無政府主義和世界主義的中國士人，實際也想「破華夷之界」。不過洋務時期的破是為了給學西方的行為正名，中國尚在主位；後者的破是想達到一種無中無西的境地，以避開西強中弱的身份認同，中國已居客位。取向雖一致，而攻守之勢迥異，兩時段間士

---

80 周作人：《藝術與生活·國語改造的意見》，《周作人全集》，第3冊，605頁。

81 周作人：《自己的園地·〈舊夢〉序》，84頁。

82 鄭伯奇：《國民文學論（上）》，《創造周報》，第33號（1923年12月23日），3、5頁。

人自信心的強弱對比亦甚鮮明。但兩者間也有思想上的傳承關係，也只有相信西學是「天地間公共之道」，才可以從心裡破華夷之界，才不致因尊西而心不自安。

但是，士人雖有超越民族國家認同的願望，卻超越不了中西確實有別這一現實。鄭伯奇等或仍在追求理想與現實之間魚與熊掌兼得的境界，但西方主宰的「世界」是否肯接納「中國」卻是個待證的問題。阿Q早就注意到，城裡人連切蔥的方式也與鄉下不一樣，而且他們常常並不打算以城裡人交往的方式來對待鄉下人。同樣，近代西人一般並不以待西人之同理待華人（包括尊西的華人）。故中國士人企圖超越民族國家的努力不過是一種自我化解，並不能改變現實存在。這些人雖然能自造一個大家無認同的精神世界並盡量生活於其中，終不可能完全超越社會存在而懸想；其內心深處，仍有自我的文化認同不甚佳妙這一逃避不過的關口。

正是西人並不真正平等對待中國人的行為，最終使許多像周作人這樣已養成「世界民態度」的西向中國知識分子逐漸認識到，世界主義與民族主義的共存，仍然不過是「迂遠的」理想。到一九二五年元旦，周作人明言「我的思想今年又回到民族主義上來了」。這是因為看到「清室廢號遷宮以後，遺老遺小以及日英帝國的浪人興風作浪，詭計陰謀至今未已，我於是又悟出自己之迂腐，覺得民國根基還未穩固，現在須得實事求是，從民族主義做起才好」。這似乎仍有排滿的遺續，其實針對的已更多是「日英帝國的浪人」。他雖然聲明這是「為個人的生存起見主張民族主義」，但仍要「表明我思想之反動，無論過激過頑都好，只願人家不要再恭維我是世界主義的人就好了」，[83] 明確其「回到」的民族主義，正是針對「世界主義」而言。

---

83 周作人：《雨天的書·元旦試筆》，345頁。

其實像胡適、周作人這樣的人雖然理想「迂遠」，大致還較溫和。晚清「民族帝國主義」觀念流行時，一些嚮往「超人超國學說」的士人卻也同時提倡對外侵略：像康有為這樣曾構建大同學說者和劉師培這樣的無政府主義早期提倡者，竟然都曾明確鼓吹殖民擴張，將明顯對立的觀念融匯於一，尤其能提示近代中國民族主義那曲折微妙之處。

劉師培在清季提倡無政府主義甚力，但他也曾明確提出中國稱霸世界，並主張獎賞有功於國家的「侵略家」。劉氏斷言：「中國之在二十世紀必醒，醒必霸天下。地球終無統一之日則已耳，有之，則盡此天職者，必中國人也。」蓋中國既醒，「必盡復侵地，北盡西伯利亞，南盡於海。建強大之海軍，以復南洋群島中國固有之殖民地。遷都於陝西，以陸軍略歐羅巴，而澳美最後亡」。在具體策略上，「中國既可以陸軍侵略歐洲，則初興之際，海軍殆不必措意」。中國「既醒之後，百藝俱興，科學極盛，發明日富，今世界極盛之英德美不足與比」。那時賞罰均從眾：背叛國家者，由眾罰之；「有功於國家，若發明家、侵略家、教育家、由眾賞之」。[84] 這樣的無政府主義者，寧非激烈的民族主義者？

自己構建過大同學說的康有為，在二十世紀初年就主張不妨暫將大同置後，而先據民族主義（即康所說「國民之學」）致力於物質方面的「國爭」。他指出：「昔者民權發軔，其重在民；今者國爭，其重在國。」而「中國向有中外之界，雖國民之學未開，而愛國之情深、排外之理篤，實不待於教也。以今者國民之說大倡矣，人人之知愛國應更甚矣；而以今日媚外之甚、畏外之甚，實遠不如昔者風氣未開時

---

84 劉師培：《醒後的中國》，《警鐘日報》1905年9月29日，收入《劉師培辛亥前文選》，錢鍾書主編、朱維錚執行主編，北京：生活·讀書·新知三聯書店，1998年，67-70頁。

也」。這主要是因為中國人沒有了解到，西方在提倡國民之學後又進入講究物質之學的階段。所以，「國民之說，固吾所最鼓舞提倡、鄭而重之，為今日救時之藥也。而以兩者較之，則物質之重要尤急」。[85]

這是將「國民之說」落實在武力之上，蓋「方今競爭之世何世哉？吾敢謂為軍兵炮艦工商之世也」；「能自立而自保者，兵也；號稱為文明，使人敬之重之者，兵也；掠其地、虜其民，繫縲之、劫奪之、奴隸之，而使其人稽首厥角、稱功頌德者，兵也」。武力既然已成「文明之標誌」，中國便應進行殖民擴張：「在今日競爭之世，真欲保守，必先擴張」。且「吾國生齒之繁，甲於大地，則移民生殖，實不得已。若南美之廣土，實吾之植民地」。而「保護植民，以廣生計，實有國者之天職」，所以他強調首先發展「不止防內，且可以拓外」的海軍，以保「子孫之長生」。[86]

那時康有為多次表述了效法歐人掠奪殖民地的想法，[87] 關鍵是他竟然視此為「有國者之天職」，與懷柔遠人特別是「王者不治夷狄、不臣要荒」的傳統觀念大相徑庭，其思想轉變誠可謂根本的質變，與一般人認知中欲為孔教「教主」的康氏形象相當不同。民族主義可能導致帝國主義是二十世紀初年的普遍觀念，清季中國士人對這一可能性曾多有議論；康有為顯然認為：不到大同之時，便可以先行非大同之道。他那種暫將大同置後而先致力於國爭的主張，或也隱約體會到民族主義那建設與抗議的兩面性。

---

85 康有為：《物質救國論》，香港：長興書局，1919年，22-23頁；《康有為遺稿——列國遊記》，上海市文物保管委員會編，上海：上海人民出版社，1995年，149頁。

86 康有為：《物質救國論》，25-27、30、33-34頁。

87 他在荷蘭博物院參觀製船模型時，當即賦詩表述了「安得眼前突兀五百艦，橫絕天地殖我民」的願望。參見《康有為遺稿——列國遊記》，291頁。

四　抗議與建設：近代中國民族主義的兩面

　　胡適曾說：「民族主義都是以抗議為開端的。」[88] 他指的抗議，主要是講的因外侮而起的救國觀念及衛國運動（在近代中國的一段時間裡，也包括反抗異族統治）。同時，民族主義從來也還有民族建構（nation-building）和建設民族國家（state-building）的一面（北伐前對「統一」的訴求，就是一個明顯的表現）。這被胡適視為民族主義更高的層次：「民族主義有三個方面：最淺的是排外，其次是擁護本國固有的文化，最高又最艱難的是努力建設一個民族的國家。因為最後一步是最艱難的，所以一切民族主義運動往往最容易先走上前面的兩步。」[89]

　　民族主義建設一面的根基是構建（包括重建）一個民族認同的文化基礎，而建設不能是無米之炊。清季民初的反傳統者和世界主義者大都深知中國傳統，故抗議之後尚有建設的基礎。就此意義而言，胡適那一代人或因歷史條件的限制未能走上他眼中民族主義最高階段的建設之路，但他當然希望中國人在第三步上著力。近代中國民族主義的抗議與建設兩面，實相輔相成而不可分割。從五四學生運動的「外抗強權、內除國賊」到北伐時的「打倒列強、除軍閥」，口號的傳承最能體現近代中國民族主義抗議與建設並存的兩個面相。

　　也許和近代中國的確是破壞多而建設少相關，中外既存關於近代中國民族主義的研究，率多注意其針對外侮的抗議一面，而較少論及其建設的一面，將兩者結合起來進行研究的就更少見。然而，若不將

88　參見胡適1927年2月26日在紐約對外政策協會的演講，由Peking Leader社刊在該社1927年出版的 *Forward or Backward in China？* 一書中，8頁。

89　胡適：《個人自由與社會進步 —— 再談五四運動》（1935年5月6日），《胡適全集》（22），286頁。

兩方面結合起來考察，就難以真正了解近代中國知識分子為「強國」而激烈反傳統甚至追求「西化」的民族主義心態，[90] 也不可能真正認識民族主義在近代中國政治中的作用，以下主要從政治方面做些初步的探討。

約在二十世紀六〇至八〇年代，西方的中國研究有一個傾向，即認為國民黨比北洋軍閥更具民族主義，而共產黨在這方面又超過國民黨。這裡的一個關鍵，就是過去說到民族主義，多想到其因外侮而起的救國觀念及衛國運動。在民國之前，若不計同盟會等反滿的民族主義，中國民族主義的確是以對外抗議為主要表現形式的。[91] 唯民族國家建構的含義是相當寬泛的，辛亥革命後中國處於實際分裂局面後的那些年間，民族主義建構一面的主要反映就是國家的統一。北洋後期出現的統一願望，曾在很大程度上幫助了國民黨動員民眾以推進其國民革命。只有將國民黨的反帝言行與其國內的革命活動結合起來考察，才不致誤讀其意旨。

即使在抵禦外侮的反帝一面，民族主義也是難以量化而以多寡計的；說某一政治力量比另一政治力量更具民族主義，很難落到實處。真正對實際政治起作用的，恐怕主要是各政治力量對民族主義加以政治運用的策略。正如余師英時指出的：百年來中國一個最大的動力就是民族主義，「一個政治力量是成功還是失敗，就看它對民族情緒的利用到家不到家。如果能夠得到民族主義的支持，某一種政治力量就

---

90 參見羅志田：《新舊文明過渡之使命：胡適反傳統思想的民族主義關懷》，《傳統文化與現代化》，1995年6期。

91 但清季也已出現了「建國」一類的言說，包括有些要想學美國的聯邦制將中國打散再重建的激烈言論，特別值得注意的是這些言說常常並不從滿漢之別的立場針對清廷，這方面的問題也只能另文討論。

會成功，相反的就會失敗」。[92] 而有意識地在實際政治競爭中運用民族主義，至少在北洋時期已見端倪。

《申報》主筆楊蔭杭在一九二〇年說：「民國向例，凡悍然不顧輿論者，其始為一部分之輿論所不容，其繼為全國之輿論所不容，其繼為旅華外人之輿論所不容，其繼為各國之輿論所不容。於是『眾口鑠金，積毀銷骨』，無病而死，不戰自敗。」[93] 其實民國輿論何曾有這樣大的力量，但楊氏對「輿論」發展從部分到全國再到「旅華外人」以至於「各國」這一進程的描述，卻從一個側面揭示出民初中國權勢結構一個特徵，即外國在華存在（foreign presence in China）已成中國權勢結構的一個組成部分，擁有實際的和隱約的控制力量。

「旅華外人」與「各國」在民初中國政治中起著重要而直接的作用，是時人不爭的共識。北伐前已有人指出：「內政與外交，在我國今日實已打成一片，不可復分。」[94] 內政與外交的互聯互動是民初政治的一大時代特徵，由此角度看，中國民族主義的禦外一面，與實際政治運作的關聯異常密切。既然外國在華存在成為中國權勢結構的一部分，任何調整既存權勢結構的努力都不同程度地與帝國主義勢力相衝突，遑論根本改變權勢結構的革命行動了。

內政與外交既然打成一片，攘外與安內就成為一個錢幣的兩面。楊蔭杭認識到：「戰勝所得之物，謂之虜獲品。虜獲品之最上者，人心也。一戰而人心向之，虜獲品之至寶貴者也。」[95] 在民族主義情緒

---

92 余英時：《中國近代思想史上的激進與保守》，收入其《錢穆與中國文化》，上海：上海遠東出版社，1994年，203頁。

93 《申報》，1920年10月10日，收入楊蔭杭：《老圃遺文輯》，武漢：長江文藝出版社，1993年（以下引該書文字均刊《申報》，僅注明原文寫作時日及頁碼，個別標點偶有更易），107頁。

94 平：《內亂與外患》，原載《市聲周刊》4卷2期（1926年1月3日），收入章伯鋒、李宗一主編：《北洋軍閥》，武漢：武漢出版社，1990年，第5卷，300頁。

95 《申報》1920年8月13日，《老圃遺文輯》，89頁。

高漲之時代，能與外國人一戰，即可能獲得此最寶貴之虜獲品。早在一九一三年外間傳言袁世凱欲稱帝時，章太炎就對他說：「非能安內攘外者，妄而稱帝，適以覆其宗族，前史所載則然矣。法之拿破崙，雄略冠世，克戡大敵，是以國人樂推。今中國積弱，俄日橫於東北，誠能戰勝一國，則大號自歸；民間焉有異議？特患公無稱帝之能耳。」[96] 到一九一五年，梁啟超再次提醒袁世凱，「對外一戰」實為稱帝的一大前提：「大總統內治修明之後，百廢俱興，家給人足；整軍經武，嘗膽臥薪；遇有機緣，對外一戰而霸，功德巍巍，億兆敦迫」，方有可能「受茲大寶」。[97]

一九二○至一九二一年中國軍與白俄軍戰於庫倫時，楊蔭杭即指出：張作霖與曹錕皆坐擁重兵而富可敵國，「今日有援庫之能力，而又有援庫之義務者，當首推此二人。就二人之強弱言，外觀雖勢均力敵，然一旦能援庫則強，不能援庫則弱；就二人之賢不肖言，外觀如一邱之貉，然一旦能援庫則賢，不能援庫則不肖。」不久楊氏聞張作霖已領徵蒙費三百萬，又說：「如果張作霖能立功絕域，凱唱而還，則今日唾罵張作霖者，安知他日不崇拜張作霖？」[98]

換言之，軍閥的強弱與賢不肖，皆取決於是否對外作戰。在此意義上，攘外常可能有助於國內的政治競爭。北洋後期南北雙方均在不同程度上認識到這一點，並有所嘗試。楊蔭杭便曾提出：「直、奉兩派恐亦終於一戰，與其戰於國內，不如戰於國外。戰於國外而勝，則國內之政敵不敗而自敗，且全國之人將為汝後盾。」[99] 若能對外戰

---

96 章太炎：《自編年譜》，民國二年五月，轉引自湯志鈞編：《章太炎年譜長編》（以下簡作《章太炎年譜》），北京：中華書局，1979年，上冊，425頁。

97 梁啟超：《異哉所謂國體問題者》，《飲冰室合集‧專集之三十三》，94-95頁。

98 《申報》1921年3月19日、5月29日，《老圃遺文輯》，251、317頁。

99 《申報》1921年3月19日，《老圃遺文輯》，251頁。

勝，即可取得國內競爭的巨大政治資本。其實，只要對外敢戰，即可
得先手，勝負還是其次的問題。那時一般軍閥對此認識尚不足，而南
方的蔣介石卻表現出更敏銳的政治識力，他知道對外作戰即使不勝，
仍可得人心。[100]

　　另一方面，自信不足的中國各政治勢力又多有意尋求與列強或其
中之一建立超過其他政治力量的關係，以確保其在內爭中的有利地
位。孫中山在一九二二年曾說：「中國革命的前途，和運用外交政策
的是否有當，實有密切的關係。」列國中尤其以近鄰日本和蘇聯最重
要，「假如這兩個國家都成為我們的盟友，當然最好。如果不能，至
少也要獲得其一，我們的革命工作才能順利進行」。[101] 此後不久，就
有「孫文越飛宣言」和聯俄的行動，正是有意識地「運用外交」來確
保「革命前途」的典型範例。有時沒有獲得外援，國民黨也要營造已
獲外國支持的形象。如一九二八年濟南事件後，國民政府即曾故意製
造已獲美國支持的形象，以抗衡日本。[102]

　　由於外國對中國內政的正式介入通常都附加有交換條件，未必是
正面形象，屬於「政治不正確」，各政治力量又往往不能不隱藏其與
外國勢力的實際聯繫。一方面，外援可以在物質上甚而心理上增強某
一政治集團的勢力；但在民族主義日益興盛的民國時期，此集團也可
能為此付出「失道」這一潛在但巨大的代價。

　　一九二五年的五卅事件一向被認為是近代中國民族主義高潮之
一，這一事件同時也凸顯了當時內爭與外交互聯互動的複雜性。事件

---

100 參見羅志田：《國際競爭與地方意識：中山艦事件前後廣東政局的新陳代謝》，《歷
　　史研究》2004年2期。
101 「孫中山1922年在廣州對國民黨同志訓話」，轉引自孫科《中蘇關係》，北京：中
　　華書局，1949年，26頁。
102 參見羅志田《濟南事件與中美關係的轉摺》，《歷史研究》1996年2期。

的起因本是日人打殺中國工人，但很快因英國巡捕開槍而將中國人的
義憤轉向英國。這中間日本政府的低姿態和英國政府的強硬政策，是
造成目標轉移的重要因素；但在蘇俄顧問影響下的國民黨（含共產
黨）的大量工作，也有相當的影響。蘇俄的主張因與中國時勢契合，
在部分知識分子尤其是邊緣知識青年中頗受歡迎。但聯俄的國民黨和
共產黨人在五卅事件中的所作所為，卻也引起一些中國士人的警惕，
直接導致了他們的仇俄思潮。

　　章太炎在五卅前雖也參加馮自由等人的重組同盟會和革命黨人的
工作，但並未專門針對「聯俄容共」，其主要目的是聯合早年的革命
力量以發揮作用於北洋統治區域，意在擁黎元洪倒段祺瑞。五卅事件
卻使章太炎態度一變，因外患顯然壓倒了內憂。當唐紹儀來與他商量
倒段時，太炎即指出：「外交緊急，須外人承認者方能與開談判。若
貿然倡議倒段，人將以不恤外患、好興內爭相訾，必無與吾黨表同情
者。」[103]

　　當時太炎的心態，在其致黃郛的信中表述得很清楚。他說：「中
山擴大民族主義，聯及赤俄，引為同族，斯固大謬。惟反對他國之不
以平等遇我者，是固人心所同。滬漢變起，全國憤慨，此非赤化所能
鼓吹。斯時固當專言外交，暫停內哄。大抵專對英人，勿牽他國；專
論滬漢，推開廣州（兩政府本不相涉），則交涉可以勝利。」他最擔
心「當局藉交涉為延壽之術，國民軍恃交涉為緩兵之策，惟以延長時
日為務」，以為這些都是「不肯積極為國家計」。當時黃郛已辭謝段祺
瑞所任命的外交委員一職，太炎以為，「為人格計，固應如是。但此
次交涉，匹夫有責；督促政府，仍宜盡力」。畢竟國勢與個人出處已

103 致李根源書，1925年7月11日，《近代史資料》總36號（1978年1期），144頁。

成「騎虎之勢，無法苟全」了。[104]

對比一下孫中山和章太炎這兩位同盟會老戰友的觀念，可見他們同樣注意到俄、日兩國對中國的影響力，不過一向主張利用外力於內爭的孫中山計劃先安內（取得革命的成功）後攘外（孫固主張反帝），而章太炎則以為中外之別大於任何內部政爭，攘外應先於安內，且有助於安內。太炎熟悉史事，他知道中國歷史上在內爭中引入外力的結果通常都對中國不利，故強烈反對即使是策略上的引外力入中國（這正是老革命黨章太炎激烈反對國民黨聯俄的根本出發點）。兩人所關注和思慮的相同，而實際的策略則相去甚遠。

太炎的意思很明顯：中外矛盾與國內政爭出現衝突時，後者要讓位於前者；國家需要與個人出處有所矛盾時，國家需要應該優先。「騎虎之勢，無法苟全」一語，最足表達太炎因外患而不得不支持他本反對的中央政府的無奈心態。結果他與唐紹儀聯名致電段祺瑞，責其對外交案「不肯上緊辦理，而反遷延時日，借為延長祚運之符」；故「人以外交案為憂，執事轉以外交案為幸」。他們督促段氏在外交談判上「嚴持國體，努力進行，務達目的，以圖晚蓋」。[105] 同樣，對於收回租界等權益，太炎也並不因為是聯俄的孫中山在提倡，就不贊同。

在太炎看來，此次中外交涉之所以無進展，「蓋由學子受赤化煽誘，不知專意對付英國，而好為無限制之論。如所云『打倒帝國主義』、『國民革命』者，皆足使外人協以謀我，而且令臨時政府格外冷心。此案恐遂無結果，徒傷無事之人，而赤化家乃得陰受金錢，真可惱亦可醜也。」[106] 梁啟超那時也說：「這回上海事件，純是共產黨預

---

104 章太炎致黃郛，1925年7月3日，沈雲龍：《黃膺白先生年譜長編》，臺北：聯經出版公司，1976年，上冊，232-233頁。並參見沈亦雲（黃郛夫人）：《亦雲回憶》，臺北：傳記文學出版社，1968年，226-227頁。

105 「章、唐通電」，1925年7月5日，《章太炎年譜》，下冊，811頁。

106 《章太炎年譜》，下冊，778-79、794-95、808-11頁，引文在810頁。

定計劃，頑固驕傲的英僑和英官吏湊上去助他成功。真可恨。君勘、百里輩不說話，就是為此。但我不能不說，他們也以為然（但嫌我說得太多了）。現在交涉是完全失敗了，外交當局太飯桶，氣人得很。將來總是因此起內部變化。」[107]

當時人所說的「共產黨」，含義並不精確，常常是包括（或根本就是指）左派國民黨人及蘇俄在華的影響。像張君勘和蔣百里這樣的人，在民族矛盾與其本派勢力及觀念發生衝突時顯然更重視其利益與觀念；而梁啟超作為一國之士，卻不能不站在「中國」的立場上說話。梁在此時已能看出民族矛盾將引起中國內部政爭的變化，確有眼力。

章、梁兩人都感到一種說不出口的「氣人」和「可惱」之處，就是明知五卅引起的群眾運動中有其不欣賞的國民黨的努力，且國民黨和共產黨也在此運動中得分；但作為「國士」，在中外矛盾之前，只有義不容辭地站在祖國一邊說話。這雖等於實際上間接支持國民黨或共產黨，也不能不為；而正因為如此，就更覺「氣人」和「可惱」。而兩人的氣惱也提示出，在政治運動中有意識地運用民族主義，已成當時中國政治活動的一個傾向。

楊蔭杭在一九二二年已注意到，各派軍閥攻擊對方，往往以「賣國」出之。軍閥通電中所用的語言在多大程度上代表其真實思想，是一個需要考究的問題。但「近人濫用『賣國』字，凡異己者，即以此頭銜加之」的現象，[108] 至少說明軍閥了解到這樣做可對異己方面造成損害。可知政治性運用民族主義，已漸從無意識進到意識層面，成為通行的手法，並非蘇俄引入中國的新事物。

---

107 梁啟超給孩子們書，1925年7月10日，收在丁文江、趙豐田編：《梁啟超年譜長編》，上海人民出版社，1983年，1048頁。

108 《申報》1922年2月25日、2月26日、12月21日，《老圃遺文輯》，528-530、696頁。

　　一九二五年末，正與馮玉祥爭奪的軍閥李景林通電討馮，說馮「助長赤化風潮，擾亂邦人；若不及時剿除，勢將危及國本」。李本人則「荷戈衛國……持此人道主義，以期殄滅世界之公敵，而挽我五千年來紀綱名教之墜落」。時服務於遜清朝廷的鄭孝胥立刻注意到，「此極好題目，惜吳佩孚不解出此」。[109] 鄭氏確為解人，不久各軍閥的通電中便多以「反赤」為其軍事行動正名。

　　一九二六年十一月，服務於孫傳芳的著名學者丁文江對好友胡適說：「你知道我不是迷信反赤的人，就是孫〔傳芳〕也不是迷信反赤的人。無奈過激派與極端反動派倒可以聯合，溫和派的人則反是孤立。」[110] 我們如果看看當時的文電，不「迷信反赤」的孫傳芳，其反赤論調實絲毫不低於其他反赤的軍閥。那麼，其他軍閥又在多大程度上是真正「反赤」，而在多大程度上是利用「反赤」作為政治鬥爭的武器呢？當年政治活動這一複雜性顯然增添了後人解讀時人「話語」的困難程度，也促使研究者在使用和處理材料上不得不更加謹慎。但軍閥爭相使用「反赤」術語於其文電之中，說明這樣的術語在當時確有一定影響力（至少使用者認為如此），這樣一種以民族主義為政治工具的取向頗能提示民族主義在當時中國政治中的作用。

　　其實，「反赤」和「赤化」大約各對相當數量的社群有程度不同的吸引力和傷害力。新文化運動時期世界主義的風行正是聯俄的國民黨號召進行「世界革命」的思想語境。南方的活動開始並未引起全國太多的注意，但一九二四年底孫中山的北上，恰與國民黨內反對「容共」的一部分元老離粵北上京、滬活動大致同時，本係偶然的兩事重合，卻無意中促進了北方及全國性輿論對國民黨聯俄的重視。再加上

109　勞祖德整理：《鄭孝胥日記》，北京：中華書局，1993年，第4冊，2075頁，李電錄在2075-2076頁。

110　丁文江致胡適，1926年11月28日，《胡適來往書信選》，上冊，410頁。

孫中山北上途中一再以廢除不平等條約為標幟,進一步引起國人對中外問題的注意。

　　孫氏此舉多少受了俄國顧問的影響,卻因此引起國人對國民黨聯合外國一事的關注,這大約是蘇俄顧問始料不及的。全國性的關注對開府一隅的國民黨有利,蓋可增加其全國性,更使許多趨新邊緣知識青年因此而南下投入國民黨。但對蘇俄則有所不利,因其本身首先也是個外國,當時一般人並不很能區分「反帝」與「排外」的差異,強調反帝也很容易使人產生排外的觀念。且蘇俄那時在中國的作為,一方面宣稱主動放棄所有帝俄時代的中俄不平等條約,同時又在實際談判中盡可能多地保留帝俄在華獲得的權益,也並非全不考慮其私利。[111]

　　過去的研究多注意國民黨一方的反帝行為,其實北洋各級政府及其支持者同樣在進行類似的努力,既有為國家爭權益的一面,也不排除以「禦外」為其內爭正名。但禦外型的民族主義在實際政治中的作用又是有限度的,聯俄的南方將「反赤」的北方打得落花流水,即是一個明證。北伐後期出現中日武裝衝突的濟南事件時,北方呼籲中國人不打中國人,應南北息爭而一致對外(雖不排除此時居於弱勢的北方想利用這一契機以言和,然北方在南軍與日軍衝突時主動後撤而未利用此形勢乘機打擊南軍,確是事實);而南方則一面對日妥協,一面「繞道北伐」,實即不打日本軍而打中國人。從今日美國所講究的「政治正確」觀點看,這一次是當然北方「正確」而南方「不正確」,但這並未妨礙南方「繞道北伐」的實際成功。[112]

　　故國民革命的一個主要感召力,並不像以前許多人認為的那樣在

111　關於《中蘇條約》和中蘇談判過程,參見何豔豔:《「國民外交」背景下的中蘇建交談判(1923-1924)》,《近代史研究》2005年4期。

112　參見羅志田:《濟南事件與中美關係的轉摺》,《歷史研究》1996年2期。

其抵禦外侮的反帝一面，而恰在其以統一全國的目標號召天下，並以軍事勝利證明其具有統一的能力。必從國家建構這一層面去考察國民革命在全國的吸引力，方能較全面地認識民族主義在北伐中的作用。而即使在以國家統一為號召這方面，也只是在北伐後期對其成功起到較大的作用；國民黨軍隊在前期的南方戰場上，很大程度上反依靠的是一般認為與國家統一相對立的南北地方意識而以弱勝強。[113] 這樣一種特殊而曲折的關係，是研究近代中國民族主義所必須注意的。

五　地方意識與國家統一的互動

地方意識與統一觀念的關係是曲折而複雜的，兩者常常相互衝突，有時也可相輔相成。一般而言，在外患深重時，統一觀念多壓倒地方意識；而當外患不十分急迫時，地方意識的力量又是極大的。本不相容的兩種觀念有時無意中可能產生特殊的合力，北伐的成功即是一個明顯的例證。

近代西方民族主義的一個重要觀念，即愛國本由愛鄉發展而至。然近代來華的西人以及受西人影響的中國讀書人，又多以為中國人像一盤散沙、重視鄉土而缺乏全國性的民族自覺意識。其實他們基本是以西方民族意識的表現形式來反觀中國，因長期未能在中國找到「同類項」，便以為不存在。到西方文化優越觀在中國士人心目中確立之後，中國反西方或「排外」也逐漸採取西方的方式，結果立即被視為民族意識的「覺醒」。

其實若以一九〇〇年的義和團事件與一九〇五年抵制美貨時的所謂「文明排外」為個案進行比較，兩次事件當事人所採取的手段雖迥

---

113 說詳羅志田：《南北新舊與北伐成功的再詮釋》，《新史學》5卷1期（1994年3月）。

異，其基本關懷和憂慮所在實大致相同（這個問題牽涉甚廣，此處不能展開論述）。後來中日「二十一條」談判時期的反日救亡運動，幾乎完全是採取集會、遊行、排貨等西方抗議方式，美國駐華記者克勞（Carl Crow）即認為這是中國第一次聯合一致的全國性運動，大大推進了中國過去缺乏的民族自覺意識。他預言：當中國以全民族的愛國主義（national patriotism）完全取代地方性的愛鄉主義（provincial patriotism）時，中國的許多問題都能解決；此次的反日運動已預示出這樣一種趨勢。[114]

但是，近代中國有一項特殊的國情，即大約在庚子義和團之役後，越來越多的士人感覺到中央政府在救亡圖存方面不可依靠。這樣，近代中國民族主義思想中很早就產生了通過地方自立這一看似「分裂性」的舉措來完成全國的救亡這樣一種曲折的思路。歐榘甲在二十世紀初提出「新廣東」觀念說：自甲午「中日戰爭以後，天下皆知朝廷之不可恃；有志之士知非圖自立，不足救亡國亡種之禍」。滿清既不可恃，則一個邏輯的思路就是「務合漢族以復漢土，務聯漢才以幹漢事」。有此基礎，「以救中國，則中國可興；以立廣東，則廣東可立。」[115] 可知其最後的目標，仍然是通過「立廣東」來「救中國」。前引「新湖南」之說，也處於類似的自破自立思路。

這一思路顯然傳承下去，在二十世紀二〇年代初「聯省自治」觀念一度風行時，孫中山也曾主張以地方自治求全國統一。他於一九二一年五月五日通電就職非常國會所選的大總統，電文指斥「集權專制，為自滿清以來之秕政」。而「欲解決中央與地方永久之糾紛，惟有使各省人民完成自治，自訂省憲法，自選省長。中央分權於各省，

---

114 Carl Crow, 「China's Bloodless War on Japan,」 *Outlook*(Oct. 13,1915), p. 378.

115 歐榘甲：《新廣東》（1902年），《辛亥革命前十年間時論選集》，卷一上，270、308頁。

各省分權於各縣，庶幾既分離之民國，復以自治主義相結合，以歸於統一。」[116] 與此大約同時，章太炎、胡適等支持聯省自治的主張，所持觀念也相類似，都把區域自治視為走向全國統一的曲線路徑。[117]

那時聯省自治的主張能引起廣泛共鳴，尚有更特殊的當下政治語境，即皖系軍閥武力統一的嘗試已被證明不能成功。主張以村落自治為全國和平基礎的廣東軍人陳炯明說：「袁世凱、段祺瑞、張勳皆思征服全國、統於一尊，而皆失敗。即孫逸仙亦思以征服之法謀統一，而亦失敗。中國欲求和平，除以全權統歸國民外，更無他法。以後當以村落自治為基礎。一言以蔽之，當自下而上，不應自上而下，再蹈前之覆轍。」楊蔭杭以為陳氏之言「娓娓可聽，中國武人，能明此義，可謂鐵中錚錚，庸中佼佼者」。[118]

不過，與當時許多反對聯省自治的人一樣，楊氏從自治的主張中看出了進一步分裂的可能性。在他看來，自治不過是割據之別名：西南各省有野心人物，因侵略他省失敗，「一變而為『孟羅主義』。其名則曰各省自治，其實則既無餘力侵人，又不肯犧牲其勢力以求統一，乃不得已而假『孟羅』二字之新名以標其主義，並假『自治』二字之美名以聳人觀聽。其實即割據封建之別名。」[119]

楊氏注意到，「近日『聯省自治』之說風行一時」的現象，也受

---

116 孫中山：《就任大總統職宣言》，《孫中山全集》，第6卷，北京：中華書局，1985年，531頁。

117 關於聯省自治，參見胡春惠：《民初的地方意識與聯省自治》，臺北：正中書局，1983年；李達嘉：《民國初年的聯省自治運動》，臺北：弘文館，1986年；Prasenjit Duara, "Provincial Narratives of the Nation: Federalism and Centralism in Modern China," in Harumi Befu, ed., *Cultural Nationalism in East Asia: Representation and Identity*, Berkeley: Institute of East Asian Studies, University of California, 1993, pp. 9-35.

118 《申報》1921年2月19日，《老圃遺文輯》，226頁。

119 《申報》1921年3月12日，《老圃遺文輯》，244頁。

到外國輿論的影響。「前有西人著論謂：今日北京政府，不能為國人所信任，應由各國撤銷承認。撤銷之後，亦不承認南方政府。但承認中國之國民，以各省省議會代表。」這樣變更約法而行聯邦之制，「則各省議會，為立法機關，其職權之廓大，當然與今制不同」。但考察作為「憲法之母」的英國歷史，則是「先有憲法中之事例，非先制憲法之條文」。中國當時的「政治家、文章家能制省憲者，固車載斗量，在谷滿谷」。但省議會既「為武人所左右」，復「為社會所厭惡」，若北京政府撤銷而實行聯省自治，這樣的省議會就成為國家「唯一之總代表」和「唯一之主人翁」，實「不知此類省議會果有此資格、有此道德否」？[120]

而北伐時章太炎一方面與各類在野士紳組織「反赤救國大聯合」，要聯合全國各界同志起來「共除國賊」；在實際政治運作中，他又堅持關於各地分治的觀念，甚至提出「暫缺中央政府」的主張。在反赤的同時，太炎仍注目於國內的「恢復法統」。在此方面章氏有其特殊的邏輯：既然中央政府號令不能行於天下，而他主張的擁黎元洪復位又做不到，在事實上沒有合法的中央政府時，只要無意脫離中華民國，地方割據也不是不可為。他說：「依據約法，本無不許割據之條，但不得自外於中華民國。苟中華民國名不替，雖割據何所謗焉。」同理，只要大家都反赤，實行區域分治或者比有名無實的統一更有效率。[121]

這樣，反赤運動不僅沒有讓太炎得出需要統一的認識，反成為他主張分治的新理由。他以為：既處「赤化時代」，今日大勢「宜分而不宜合」，倒「不如廢置中央，暫各分立」。太炎強調：反赤要繼續進行，國內各事可於「南北二赤次第蕩定」之後徐議之。這個觀點章氏

---

120 《申報》1921年10月23日、8月30日，《老圃遺文輯》，443、399頁。

121 《太炎論時局》，《民國日報》1926年1月21日，《章太炎年譜》，下冊，846-848頁。

到一九二六年五月初還在堅持，他說：「以事勢觀之，吳〔佩孚〕處果能退讓無過，暫缺中央，任王士珍等維持治安，即所謂三分之局也。若南北二赤果盡解決，彼時或再有可議爾。」太炎同時指出：「此時南方所急，則仍在力拒赤蔣。」[122]

這樣的思路並非沒有疏漏：首先許多掌軍權者並未接受「先反赤後內爭」這一次序，他們很可能藉「反赤」之名而爭奪地盤。即使大家真能共同努力「反赤」，其所需要的跨省軍事行動與區域分治也存在著實際的矛盾。更難克服的是南北之間地緣文化區分的影響，北洋軍駐防南方本是地方自治的實際障礙，章太炎從前也曾激烈反對；今北人孫傳芳要力拒的「赤蔣」卻是南人，太炎很快發現，孫即使以「保境安民」這樣委婉的區域分治觀念出之，也無法得到南人的同情。而且「赤蔣」同樣正在大做反帝文章，又更具有統一的能力，顯然更具號召力。[123] 最重要的是，「赤俄」固然是外國，其他列強特別是日本也對中國虎視眈眈，一個沒有中央政府而正式分治（實即分裂）的中國，在太炎一向注重的中外競爭中，不是更為不利嗎？

正是西人提出同時不承認中國南北兩政府的主張，使楊蔭杭看出聯省自治這一「今日最時髦之名稱」的隱憂：原土耳其帝國治下的巴爾幹各小國，最初也是讓其自治，後來在帝國衰微時相繼獨立。而「俄對於我，嘗要求外蒙之自治；英對於我，嘗要求西藏之自治」。中國的聯省自治，正有可能發展成類似巴爾幹的情形。「世界各國中，狡焉思啟封疆者，固甚喜中國有此類之自治。若長此不已，或將視為蒙、藏而代為要求，此中國唯一之危機，全國人所當注意者。」

---

122 致李根源書，1925年12月6日，1926年5月4日，《近代史資料》總36號，146、148頁；致顏惠慶電，1926年4月28日，《章太炎年譜》，下冊，863頁。

123 此後的發展參見羅志田：《中外矛盾與國內政爭：北伐前後章太炎的「反赤」活動與言論》，《歷史研究》1997年6期。

所以，中國各派「若果有愛國心，謀全國之幸福，須知聯省自治、制定省憲，皆非解決時局之法」。須知「今日中國危機，絕不容繼續分裂」，各派首領「當犧牲私利，先求統一」。[124]

北伐前中國政治有一個近代前所未有的新現象，即中央政府漸失駕馭力，而南北大小軍閥已實際形成占地而治的割據局面。那時楊蔭杭對時局最常用的歷史比擬就是「五代」，其一個特徵即是「內訌不已，乃暗中乞助於外人，一如當時之乞助於契丹」。實際上，「今之外患，甚於契丹；踵起諸強，多於金元」；已到「雖舉國上下，同心同德，尚恐應接之不暇」的程度。但「五代」一個更明顯的特徵則是分裂，不僅南北「各據一方；南北既分，以為未足，北與北更互相水火，南與南又互相吞噬。嗚呼！吾國自有史以來，處境之阽危，未有甚於斯者也」。[125]

全國局勢既然類似五代，也就出現了與五代相近的時代要求——嚮往統一。用楊蔭杭的話說：「排軍閥、斥強盜，為全國人民心理之所同；憂亡國、憂破產，為全國人民心理之所同。」[126] 在長期分裂後，嚮往統一已成為社會各階層與各政治流派都能認同的時代願望。在一定程度上，第二次直奉戰爭可以視為北洋軍閥內部最後一次武力統一的嘗試，而其後的「善後會議」及大約同時各種召開「國民會議」的要求，則是南北雙方及全國各政治力量最後一次和平統一的努力。兩次努力的失敗，不僅造成北洋體系的崩散，而且導致北洋政府統治合道性（political legitimacy）的喪失，為後來的北伐預留了「有道伐無道」的先機。[127]

---

124 《申報》1921年8月30日、2月19日，《老圃遺文輯》，399、226頁。

125 《申報》1920年6月7日、7月5日、12月24日，《老圃遺文輯》，12-13、45-46、166頁。

126 《申報》1921年1月12日，《老圃遺文輯》，187頁。

127 參見羅志田：《「有道伐無道」的形成：北伐前夕南方的軍事整合及南北攻守勢易》，《中國社會科學》2003年5期。

可以看出，即使像聯省自治這樣充滿地方意識的主張，也因其與國家的統一那不可分割的關聯而與外國在華存在糾結在一起。民國早期中央與地方、內政與外交的相互多重糾纏，以及民族主義那抗議與建設的兩面性與近代中國各主要政治力量興衰的多層面互動關係，遠比我們前所認知的要曲折複雜得多，尚需更加深入的考察。

六　餘論

紀爾茲在一九七一年指出：「民族主義曾是歷史上某些最有創造性的轉變之驅動力量，在日後許多創造性轉變中它無疑會起到同樣的作用。」[128] 這話原本是針對二戰後獨立的那些「新國家」而言，但冷戰結束後民族主義在其發源地歐洲的復興說明，這一論斷的針對性顯然可以更廣泛，而其時效也更為長遠。很可能民族主義仍會是相當長的時段內國際社會和國際政治中一個頗為活躍的因素。遺憾的是，包含抗議與建設兩面而以激烈反傳統和嚮往「超人超國」為特徵的近代中國民族主義，仍尚未得到比較深入和充分的研究。

當然，任何一種「主義」在歷史進程中的作用都受其所在的時空語境所限，故其對歷史現象的詮釋力同樣也是相對的和有限的。民族主義並不例外。北伐前後的國民黨與青年黨，一個講民族主義，一個講國家主義，雙方雖有些學理上的具體歧異，從其西文來源看實際上應是同一個主義。但它們在那時卻互為仇敵，都欲置對方於死地而後快，這種弔詭性的現象便非民族主義所能詮釋。

近代中國人對西來的民族主義思想的反應還遠不止前面所論，當時另外的中國士人在面對「國於世界而有歷史」這一必須解答的時代

---

128 Geertz, "After the Revolution: The Fate of Nationalism in the New States," p. 254.

問題時，已提出一種理想的解決方式，即前引《浙江潮》上那篇題為《民族主義論》的文章所提示的，一方面能「與世界相競」，一方面又可保存並增強「祖宗社會之所遺」。那時也確有少數中國人已超越愛默森所描述的非此即彼的取向，而認識到「祖國主義」就是「根於既往之感情，發於將來之希望，而昭之於民族的自覺心」。[129] 這樣根於舊而發於新，在學理上可能最為理想，但在清季民初西方已成中國權勢結構之既存組成部分的語境下，在實踐層面是很難做到的。

雖然如此，不少中國士人仍希望傳承早年那種魚與熊掌兼得的理想化觀念。歐陽翥到一九三六年仍以為：「兩種判然不同之民族文化相接觸而起競爭，其結果恆有一種新文化產生，偉大卓越，超舊者而上之。」中國人如果努力奮鬥，這種「新文化」也可屬於中華民族。故此時仍應「舉國一致，並力直追；務求發展各種學術事業，本民族自信之決心，保持固有之文化，且吸取西方物質科學之精華，採長補短，融會而整理之，使蔚為真正之新文化，以為民族復興之具」。[130]

蒙文通先生在一九三七年盧溝橋事變後寫定的《周秦民族史·序》中，指明周秦之爭，是民族與文化之爭。若「武力不競，而德教亦莫能自存」。蓋「國亡於異族，而文教亦墮。種族之禍，其烈乃至是哉」！這裡的「種族」，已包含德教，即近於顧炎武所說的「天下」。蒙先生寫此序的時代「今典」，當然是憂日本侵華之急。如先生後來自述，彼時「國之亡危在旦夕。痛國是之日非，憫淪亡之慘酷，遂乃發其激憤於戎狄」。[131]

---

129 飛生：《國魂篇》，《浙江潮》3期，轉引自章開沅：《論國魂》，收入其《辛亥前後史事論叢》，133頁。

130 歐陽翥：《救亡圖存聲中國民應有之民族覺悟》，《國風》，8卷8期（1936年8月），342-343頁。

131 蒙文通：《周秦少數民族研究·序一》，《古族甄微》（《蒙文通文集》第2卷），成都：巴蜀書社，1993年，7、45-46頁。

　　但蒙先生反覆強調德教、文教的競爭與存亡，或有比憂日本侵略更深遠的考慮。蓋清季民初中國人留學日本，多希望轉手學習西方。時人對日本文化本身，似乎並不十分佩服，亦不怕與其競爭。而日本之於中國，也確重實利之本而輕文教之爭。故日本侵略所引起的這些憂憤之情，恐怕有意無意中揭示了蒙先生少年受學之時士人特別強調中西文化競爭的大語境。「武力不競，而德教莫能自存」，正是晚清以來中西文化競爭即「學戰」的寫照。士人所憂慮者，乃德教之保存，亦即所謂是否「亡天下」的問題。民國代清，這個民族文化競爭的問題並未獲得解答，仍日日縈繞於學人心懷。故日本入侵雖主要為掠地，而士子則自然聯想到民族文化的存亡。

　　馮友蘭後來指出：「一民族所有底事物，與別民族所有底同類事物，如有程度上底不同，則其程度低者應改進為程度高者，不如是不足以保一民族的生存。但這些事物，如只有花樣上底不同，則各民族可以各守其舊，不如是不足以保一民族的特色。」[132] 馮氏能兼顧民族的生存與特色，見識確高一般人一籌，大約也受抗戰期間民族主義情緒上升的語境影響。不過，馮氏言語間仍露出時人共相，即保存特色實不如生存重要。這當然也是可以理解的，不能生存，還談什麼特色。

　　周作人在一九四三年強調指出：「中國文學要有前途，首先要有中國人。……我記起古時一句老話，士先器識而後文章，我覺得中國文人將來至少須得有器識，那麼可以去給我們尋出光明的前途來。」[133] 一九四三年時能預見抗戰勝利者尚不多，這段話只有與民初日本提出「二十一條」時士人所說的「知吾國即亡，而收拾民族之責仍然

---

132 馮友蘭：《新事論》（1939年），收入《貞元六書》，上海：華東師範大學出版社，1996年，310頁。

133 周作人：《藥堂雜文‧漢文學的前途》，32頁。

不了」[134] 相對看，才可見其語重心長之所在。中國讀書人的超越意識一向甚強，所以在「亡國」還較遙遠之時，就常有「亡後之想」。[135] 但在生存問題解決之後，「器識」的表現，或許仍在能有相對超越的思考。

其實，西人稍早也曾有類似思考和追求。一九三四年，在瑞士的蘇黎士成立了「民族主義國際行動」這一組織，簡稱「民族主義國際」。這是一個以謀求世界和平為宗旨的國際學術研究機構，主要成員是歐洲大陸的知名國際法學家和國際經濟學家。當年十二月，該組織在柏林召開了第一次大會，有二十多個國家的代表出席。他們認為，在當時的時代條件下，最有效的和平宣傳不是宣傳「國際主義」，而是宣傳以國際理解與合作為根基的「新民族主義」，即一種主張每一民族都應尊重他民族的愛國/愛族主義（patriotism）。並進而提倡一種科學取向的「有機的民族主義（organic nationalism）」，主張國際秩序不應建立在國與國的基礎上，而應建立在民與民的基礎上，就像自然界的有機體一樣。在不破壞既存國家的前提下，他們希望將威爾遜提倡的「民族自決」落實到各民族的「文化自主（cultural autonomy）」之上。[136]

這一追求不久即因第二次世界大戰的爆發而湮滅。在戰爭形勢

---

134 章士釗：《國家與我》，《甲寅》，1卷8號（1915年8月），11頁。類似言論那時不少見，此前梁啟超已說：「雖國亡後，而社會教育，猶不可以已。亡而存之，捨此無道也。」梁啟超：《政治之基礎與言論家之指針》（1915年2月），《飲冰室合集·文集之三十三》，39頁。

135 譚嗣同：《上陳右銘撫部書》，《譚嗣同全集》（增訂本），蔡尚思、方行編，北京：中華書局，1981年，上冊，276-280頁。

136 參見該組織於1935年2月1日出版的小冊子 *Organic Nationalism*（有機的民族主義），普林斯頓大學所藏馬慕瑞文件（the John V. A. MacMurray Papers）第155箱中收存了這一小冊子。

下，有排外或暴力傾向的民族主義恐怕才最容易為人接受。但隨著戰後世界範圍和平的長期持續，到二十世紀八〇年代，西方又出現類似的理念。喬諾維茲（Morris Janowitz）認為：愛國主義可以引發出各種形式的信念和行為：它既可導致增強一個民族國家道義價值的表現，也可能造成一種狹隘心態的排外行為。而考慮到世界範圍內各國廣泛的相互依存，「愛國主義的形式和內容都需要進行『更新』，使之能既有利於民族目標，又能增進世界秩序」。[137] 這樣，二十世紀晚期西方的新觀念，似又趨近於從先秦起就一直縈繞在中國人心目中的思考：怎樣形成一種「以不齊為齊」而兼顧國家與天下利益的世界新秩序？

孔子曾提出「君子和而不同，小人同而不和」（《論語‧子路》）的觀念。周幽王時鄭國的史伯說：「和實生物，同則不繼。以他平他謂之和，故能豐長而物歸之。若以同裨同，盡乃棄矣。」故「聲一無聽，物一無文，味一無果，物一不講」（《國語‧鄭語》）。晏子也認為和與同是兩個概念：廚師烹飪時就是以和的方法「齊之以味」，也就是「濟其不及，以泄其過」，使異味相和。音樂亦然，要「和五聲」，使「輕濁、大小、短長、疾徐、哀樂、剛柔、遲速、高下、出入、周疏，以相濟也」，故雖皆相反而能成音樂。以君臣言，則「君所謂可，而有否焉；臣獻其否，以成其可。君所謂否，而有可焉；臣獻其可，以去其否。」這樣才能做到「政平而不幹」（《左傳》昭二十年）。

所謂可否相濟，即寓不同於「和」之中。換言之，「和」雖調節「異」而允許存異，雖追求「齊」而承認「不齊」。章太炎從《莊子‧齊物論》中總結出「以不齊為齊」的觀念，正是此理。儒道思想在此根源處是相通的。孔子的「和而不同」，實即以「不同」為

---

137 Morris Janowitz, *The Reconstruction of Patriotism: Education for Civic Consciousness*, University of Chicago Press, 1983, p. 134.

「和」，即在不同的基礎上和，和中可存不同，而不必同，也不必「求同」（與所謂「求同存異」是相去甚遠的兩個境界）。莊子的「以不齊為齊」亦然，只有任萬物萬事各得其所，存其不齊，承認並尊重每一個體自身具有的真理標準（道），然後可得徹底的「自由、平等」。[138] 這當然有些理想主義的意味，但若能存「雖不能至，而心嚮往之」的心態，朝此方向努力，不同的「文明」或許終不至於「衝突」，亦未可知。

原刊《學術思想評論》第10輯（2003年1月，實際寫於1999年）。現從題目到內容都有所修改，框架有相當調整，增補了一些相對更帶普遍意味的分析，縮略了一些涉及特定人物的具體內容。

---

138 參見王汎森：《章太炎的思想》，155-162頁。

國進民退：清季興起的一個持續傾向

　　「國進民退」是前段時間經濟學界討論得較多的話，本有其特指，非我所欲置喙。不過，在更廣泛的意義上，此語恰表述出近代中國一個持續的傾向，即國家（state，下同）的責任和功能大幅度擴展，而以「道」為依據、以士紳為主導、以公產為基礎，由各種公共會社構成的民間公領域，則步步退縮，漸有隱去之憂。在此進程之中，過去一些基礎性的範疇，如「官」與「民」、「公」與「私」等，都因新型的「國」之介入，發生了帶有根本性的轉變。這一傾向在近代興起的第一個高潮，大致就在辛亥革命前十年，進入民國後仍繼續發展。本文謹以一些有代表性的具體材料，[1] 初步勾勒這一持續傾向在清季的興起和推進，側重「國進」衝擊下社會的巨變。更詳盡的論證和學理的反思，則當俟諸他文。

一　引言：從小政府向大政府轉變的國家

　　現在不少人研究中國史，喜歡說國家如何向基層滲透，甚至研究

1　歷史寫作之目的不同，需要的材料也不一樣。有的史料告訴我們具體的史事，有的史料展現變化的趨勢。陸惟昭曾注意到，「通史所取材料，每與專史不一」。參見其《中等中國歷史教科書編輯商例》，《史地學報》，1卷3期（1922年5月），30頁。把通史和專史的區分，落實到史料運用的層次，是非常高明的睿見。同理，通論性的論文，也當儘量多用足以展現變化的史料。

古代史的也這樣說。其實在治理層面，國家不在基層，且也無意進抵基層（即缺乏向基層擴張的意願和動力），是很長時間裡的常態。國家真正涉入基層的治理，應是二十世紀北伐之後的事了。

傳統中國政治講究社會秩序的和諧，其基本立意是統治一方應「無為而治」。古人也許很早就意識到了國家機器很可能會自主而且自動地擴張，所以必須從觀念上和體制上對此「國家自主性」進行持續有效的約束。至少在理想型的層面，傳統政治基本是一個不特別主張政府「作為」的「小政府」模式，接近於西方經典自由主義那種社會大於政府的概念。[2]

與「小政府」對應的，是某種程度上的「大民間」或「大社會」。實際上，小政府模式是因應秦漢以後大一統的局面而逐漸形成的。先秦各國的範圍不大，「國家」的治理可以直達基層；大一統之後，這樣的治理方式已不能適應新的統治空間，於是今日所謂基層社會的管理，就成了一個重要的新問題。秦漢時的鄉里已相當弱化，實不能像一些人想像的那樣行使「國家」的功能或代表「國家」。隋代廢鄉官和唐代打壓世家大族，進一步凸顯了基層社會的重要。到宋代，以前鄉官負責的事務都轉移到民間，不僅禮下庶人，以公產為經濟基礎的各類會社承擔了實際的整合動員功能。

可以說，小政府的充分落實或成熟，是在唐宋以後。相對獨立的基層社會的成功構建，使一種特殊的治理模式，即官紳「共治」成為可能。從京師到各地，歷代朝廷大體都把權、責層層釋放，越到下面越放鬆。且權、責不僅是分到州縣一級的地方官，很多時候是直接分給了基層的地方社會。至少從唐中葉以後，大體上官治只到州縣一

2　本節的概述較多採用了拙文《革命的形成：清季十年的轉折（上）》（《近代史研究》2012年3期）中的論述，謹此說明。

級，且直接管理的事項不多，地方上大量的事情是官紳合辦甚或是由民間自辦的。在官紳的共治中，實際的作為主要在紳的一方。

由於政府「作為」方面的要求不高，政府的管理成本較低，資源需求不多，故產生與此配合的輕繇薄賦政策，可以不與民爭利。按照孟子的說法，士可以無恆產，一般人則不可無恆產。中國這樣具有「士治」風采的小政府模式，使「國家」似也帶有士人的意味，即國可以無恆產，各級政府都不以府庫充盈為目標（若以此著稱，便可能被視為苛政），而藏富於民，民富則國安。[3]

直到十九世紀末年，清廷基本維持著上述小政府大民間的模式。不過，任何輕繇薄賦的「小政府」，都是資源匱乏的政府，很難應付較大的突發事件。這一政治模式的根本缺點，就是最怕「天下有事」。一個府庫並不充盈的政府，就連應付天災都感乏力，遑論對外作戰；一旦遇到外患，便常顯捉襟見肘之窘境。

而近代的一個新形勢，就是康有為強調的從大一統變成了萬國林立的競爭局面。隨著資本主義和科技的發展，今日所謂全球化那時已經開始。在很大程度上，不是一國是否進入「世界」的問題，而是「世界」不容你留在外面。本來儒家強調國家不與民爭利，前提是對外不多欲，才能夠內施仁義。但外無強敵威脅、內能安居樂業，也是「天下歸仁」所必需的物質基礎。晚清的困窘在於，外敵的實際入侵和繼續入侵的威脅，使得「富國強兵」成為政府不可迴避的責任。故近代中國的尋求富強，更多是一種被動的選擇。

清廷那時面臨一個非常棘手的問題：中外的競爭既嚴峻又緊迫，外來的壓力接踵而至，用傳統的術語說，為了「退虜」，先要「送

3　《論語・顏淵》所謂「百姓足，君孰與不足？百姓不足，君孰與足？」是這一理念的早期表述。用梁啟超後來的話說，即「民無恆產則國不可理」。梁啟超：《西政叢書敘》（1897年），《飲冰室合集・文集之二》，北京：中華書局，1989年影印，62頁。

窮」，才可能實現「富強」。現實已不容許一個小政府的存在，迫使清廷不得不向一個有作為的大政府轉變；為了不在對外競爭中落敗，就只能向傅斯年所謂「近代國家」的模式靠攏。[4]

清季的一個根本變化，就是朝野都開始疏離於小政府的傳統思路。面臨退虜送窮時務的「國家」，不得不從無作為向有作為轉化，始或扮演提倡、督促和推動的角色，繼而就必須是政府自己作為（而不能僅是引導），且當下就要有作為，甚至很快發展到處處需要政府作為。這樣的「近代國家」政治觀念，與「不擾民」的小政府政治哲學根本對立，幾乎沒有妥協的餘地。

而且，對各級政府而言，新政的開支基本是額外的支出。如梁啟超所說，「各省所入，其支銷皆已前定，而未有一省入能敷出者」。[5]各省如此，中央亦然。那時很多人說，中國財政紊亂，是因為沒有外國那樣的預算制。但中國此前的財政收支，大體還是在不作為的基礎上以出量入，再量入為出。開始引入預算的一個附帶效果，卻是使督撫們更清楚地認識到「財政困難」的嚴重程度。江蘇巡撫程德全就發現：「一經預算，不但按年出入所虧甚多，即按月所虧者亦不少。寅食卯糧，將何以濟？」[6]

這的確是個實際的問題，小政府的府庫中不能有、實際也沒有大量的積蓄。當年新政的舉措，可以說樣樣需要錢，且每一項都要大量花錢。要舉辦各種新事業，就只能「籌款」。那時人人都知道錢不夠，關鍵是不夠的錢從哪裡來。中國一直是個農業社會，政府的主要

4　傅斯年：《中國民族革命史》，未刊手稿，原件藏臺北中研院史語所傅斯年檔。

5　梁啟超：《上濤貝勒（載濤）書》（1910年2月），丁文江、趙豐田：《梁啟超年譜長編》，上海：上海人民出版社，1983年，504頁（文字已據《近代十大家尺牘》核改）。

6　程德全：《到蘇接篆後上親貴及政府書》（1910年），揚州師範學院歷史系編：《辛亥革命江蘇地區史料》，南京：江蘇人民出版社，1961年，19頁。

賦稅來源也是農業稅。除非長期積累，僅靠農業稅入，很難應對大型的公共支出；若稅收往非農業方向大幅度發展，意味著社會結構的大變，必然衝擊以「耕讀」為核心的整體文化。[7]

以後見之明的眼光看，晚清政府增加財政收入的努力，還是頗見成效的。國家歲入（中央和各省政府收入）大致從鴉片戰爭後的四千萬兩，到甲午戰爭後的八千萬兩，再到辛亥年的約三萬萬兩，其中大部分來自非農業稅收。[8] 按照盛宣懷的想像，中國只要參酌日本的「理財之法，盡力於農礦工商，不必過於苛刻，富強可立而待」。[9] 然而除商業外，各類非農業的開發都頗需時日（尤其當時關稅不能自主，在中外經濟競爭中也難以保護本國實業）。被人寄予厚望的路礦等新事物，生財還遙遙無期，卻先帶來了很多新問題（詳另文）。

那時朝野的一個共識，即中國因為「專制」導致民信不足，故不能像外國一樣徵收大量賦稅還無民怨。如果能實行立憲，推行公開的預算決算制，採用正確的理財之法，便可大獲進項，一舉扭轉局面。這是從一般讀書人到梁啟超這樣的菁英共同分享的觀念。梁氏就認為，「苟能遵財政學之公例，以理一國之財，則自有許多新稅源，可

7　大量的非農業稅收，或意味著已存在一個龐大的非農業經濟體。經濟比例在短期內發生如此巨大的改變，在多大程度上衝擊了社會民生，非常值得探討。不過，清季丁糧以外稅收的增添，至少在一些地方，有相當部分是出於徵收方式的改變。如四川因設立經徵局，改變原來由地方官「委託」民間包收的方式，結果僅契稅就增至三倍多。參見《督憲（四川總督趙爾巽）奏創辦經徵酌保出力各員摺》，《廣益叢報》第8年第6期（1910年4月29日），「章疏」頁1a-2a。此材料承四川大學歷史系劉熠同學提示。

8　資政院：《會奏議決試辦宣統三年歲入歲出總預算案請旨裁奪摺》，《申報》1911年2月14日，2張2版；Jean-Laurent Rosenthal and R. Bin Wong, *Before and Beyond Divergence: The Politics of Economic Change in China and Europe*, Cambridge, Mass.: Harvard University Press, 2011, pp. 201-2.

9　郵傳部右侍郎盛宣懷：《奏陳畫一幣製辦法摺》，《東方雜誌》第6年第6期（1909年6月），31頁。

以絕不屬民，而增國帑數倍之收入」。他自己曾擬出一個《中國改革財政私案》，號稱若能據此「將財政機關從根本以改革之」，則施行之後，「每年得十萬萬元之收入，殊非難事」。[10]

唯梁氏雖號稱「絕不屬民」，他所謂的「新稅源」，仍更多指向民間現有之款。當年物質層面的社會能力到底有多大，還可以進一步考察。那時中國稅收確實不算重，即使加上清季新增的各種臨時捐稅，與後來或與外國比較，絕對值也不一定很高。[11] 但數位現實是一事，心理承受能力又是一事。不論當時民間是否有這麼多錢，即使有，對從前不怎麼出錢的人來說，新增部分數量如此大、種類如此多，已經特別「沉重」了。[12] 若猛增以倍數計的稅收，百姓尚可接受，還不致「鋌而走險」，確實需要非常豐富的想像力。

可以說，清季民間尚有餘財不假，卻也不是無盡的活水，可以源源不斷。蓋不論社會的物質潛能有多大，都是一個常數，不可能取之不盡、用之不竭。在上無撥款的大背景下，新政舉措的主要開支，實際只能依靠民間。各級官員對動員社會力量的態度各不一樣：趨新者可能勇於任事，守舊者或無意與民爭利，有的人因官場積習而出以敷衍，也有人可能看到民間反彈的危險而不敢過於積極。隨著各項新政頻繁而至，各級官員或被迫敷衍，或設法規避，同時也不得不進一步開掘既存的社會資源。

10 梁啟超：《上濤貝勒（載濤）書》，《梁啟超年譜長編》，506頁。

11 痛斥苛捐雜稅的梁啟超也承認，「以各國租稅所入與吾相較，則吾民之負擔似不得云重」。梁啟超：《上濤貝勒（載濤）書》，《梁啟超年譜長編》，505頁。

12 前引趙爾巽的奏摺強調了新設經徵局的績效，但在次年保路運動期間，搗毀經徵局成為四川各地民眾相當普遍的舉動，非常能說明民間對此新舉措的感受。

二　國家向民間挺進：清查公款公產

　　從後來各督撫的感受看，清末新政耗費最多的，就是學務和警務。按當年的規則，高層級的學校和較大城市的巡警，是政府辦理的；但大量的基層辦學和鄉村巡警，則是典型的官紳合辦，主要經費出自民間。可到底出在誰身上，是一個很直接的問題。新學堂是最先開辦的新政，開始籌款還相對容易。地方上有各種各樣的「會」、「社」、「館」、「所」，都有多少不一的「公費」、「公款」（晚清的「公」在官與私之間，不是今天所說的「公款」），大致可以從中募到辦新學的錢。但各種會、社、館、所的積款總數是有限的，很快就用得差不多了。於是款的來源就逐漸轉向相對富有的紳，並進而轉向一般的民。

　　當時小政府的政治倫理並未發生根本的轉變，政府至少在理念上還堅持著「官不經手」的原則，不直接干預民間經費的處理。[13] 但隨著那些能夠即刻徵用的表面公產逐漸枯竭，政府中人也開始以新思維考慮新手段，即「調查」民間的公產。還在一九〇六年，中央政府有人上書，主張地方自治不能空談，應落實在行動上，辦理「公益事業」。但這就牽涉到經費。此人的建議是在各州縣「設立公產調查局，由各該州縣選舉公正紳商數人，充作局董，稟由地方官給予照會，調查本邑公產若干，作為興辦公益之用」。據說「政府諸公多然其說。惟某中堂深恐滋擾，遂未解決」而擱置。[14]

　　從這位部員的觀念中，很能看到政府需要「作為」的壓力。儘管其擬議的仍是官紳合辦的模式，經費的目標則是非常明確的，即民間

13　說詳羅志田：《革命的形成：清季十年的轉折（上）》，《近代史研究》2012年3期。

14　《廣益叢報》第4年第27號（1906年12月15日），「紀聞」頁2a-2b。

的公產。類似的主張最後終於付諸行動，到一九〇九年，新頒的《城鎮鄉地方自治章程》明確規定，城鎮鄉的自治經費，首先以「本地方公款公產」充之。[15] 度支部不久發出了關於清查公款公產的諮文，江蘇省諮議局在年底通過了巡撫交議的《清查公款公產辦法綱要》。[16]這一執行方案成為其他地方摹仿的樣板。[17] 在此從觀念到行為的進展中，原來擬議的「調查」已為「清查」所取代，更加直截了當（但各地公文中仍時見「調查」字眼）。

再到一九一〇年，朝廷也感覺各地需辦之事和其已有經費形成了較大差距，遂讓各督撫討論解決方案。一些督撫感覺到朝廷「似欲言發於外，藉以折衷」，[18] 紛紛強調財力不足。大部分人都說地方財政早已入不敷出，試圖把新政區分為憲政和普通行政，以此方式來規避須按年實施的「籌備立憲」專案（詳另文）。但浙江巡撫增韞則以為，「無政事，則財用不足。吾國非無財也，無理財者」也。能理財，問題就不難解決。如浙江的教育經費，就已確定「各屬由賽會、演戲、儒田、賢租、賓興、公款等項下自行籌措。現又清查公款公產，化無用為有用，無虞不敷」。[19]

15　《城鎮鄉地方自治章程》（1909年1月），《清末籌備立憲檔案史料》，故宮博物院明清檔案部編，北京：中華書局，1979年，下冊，738頁。

16　江蘇省諮議局：《議決撫部院交議清查公款公產辦法綱要案》，《申報》1909年12月5日，3張2-3版。

17　參見湖南諮議局：《清查公款公產辦法》（1909年），《湖南諮議局文獻彙編》，楊鵬程編，長沙：湖南人民出版社，2010年，220-221頁。

18　《瑞澂、李經義致龐鴻書電》（1910年10月5日），《龐鴻書討論立憲電文》，錢永賢等整理，《近代史資料》第59號，北京：中國社會科學出版社，1985年，53頁。

19　浙江巡撫增韞：《奏遵旨並議御史趙炳麟等奏請定行政經費並附抒管見摺》，《政治官報》，第1047號（宣統二年八月），10-11頁。據胡思敬說，增韞這奏稿是出自張一麐之手（《國聞備乘‧督撫趨時》，北京：中華書局，2007年，122頁）。而張此前在袁世凱幕中，是直隸辦自治的重要智囊。不排除這裡表述的觀念受到直隸經驗的影響，或也提示出國進民退的傾向是怎樣從特例變成常規的。

增韞所說的「化無用為有用」，也提示出時代觀念的轉變。看似「無用」的公產，本也是藏富於民的一種方式，正類養士的翰林院，有儲存資源以待時需的功能。換言之，大量的社會資源，對於國家機器的運作，是一種直接的保障，儘管這一保障可能是以隱而不顯的方式存在的。清季對這類資源或清查或裁撤，[20] 固是被逼不得已，也表明當時的急功近利已進抵各類資源的極限了。

胡思敬一九〇九年的奏摺說，除中央政府加徵的部分外，

> 各省私自籌款，款目繁多，不可縷數。極而業之至穢且賤者，灰糞有捐；物之至纖且微者，柴炭醬醋有捐；下至一雞一鴨一魚一蝦，凡肩挑背負，日用尋常飲食之物，莫不有捐。居者有房捐，行者有車捐。其顯然干犯名義者，有賭捐、有娼捐、有彩票捐。馴至百物踴貴，土貨不流。傭人日獲百錢，不抵昔時二三十錢之用。一農民也，漕糧地丁耗羨之外，有糧捐，有畝捐，有串票捐；田畝所出之物，穀米上市有捐，豆蔬瓜果入城有捐。一身任七八捐，力不能勝，則棄田而潛逃者，比比也。一商民也，有關稅，有釐金，有統捐，有鋪捐，有落地稅，有銷場稅。一物經六七稅，本息俱折，則閉門而倒騙者，累累也。[21]

其最後所說農民棄田、商鋪倒閉的現象，或有些誇張。但各類捐

---

20 清查公產固是開源，裁翰林院卻是節流，充分展現了朝廷認知中社會資源的物質化。儲才的翰林院被視為可有可無，成為不必要的經費開支，也是思想大轉變的一個表徵。詳另文。

21 胡思敬：《極陳民情困苦請撙節財用禁止私捐摺》（1909年7月6日），《退廬全集・退廬疏稿》，臺北：文海出版社，1970年影印（沈雲龍主編，《近代中國史料叢刊》第45輯），732-733頁。

稅的存在，時見於其他奏摺，[22] 應非虛言。

　　更有甚者，為了尋求富強，越來越多的人在不知不覺中改變了國無恆產的取向，逐漸傾向於政府直接「理財」的政策取向。然而，若政府挾行政資源而直接理財，便已不是平等的競爭。一些領域中出現了政府「買則抑壓，賣則居奇」的現象。在胡思敬看來，這等於是「官家而行劫奪之政」，不啻「絕民粒食」。[23] 儘管這僅是一些地區、一些領域不甚普遍的現象，卻也是一個危險的開端。為增加財政收入所付出的社會成本，可能非常高昂。

　　時人對此並非沒有認識，夏曾佑在一九〇四年即曾指出：專制國君主「最不相宜者，則干涉民之財政」。若其「不明此理，而橫干民之財政，則無論其用意之為善為惡，而君位皆不能保」。過去王莽和王安石的改革，「皆欲為民整頓財政」，結果都是天下大潰。[24] 他警告說，專制國的「政府，萬不可以國家之事強聒於民。一強聒焉，則民以為皇帝要我銀子，而囂然不靖矣」。唯有「使國與民相忘。民若不知世有所為（謂）國家者，而後天下可以無事」。[25] 的確，中國歷代政權所追求的，就是在「天威」象徵性存在的同時，又使國與民相忘，不必時時向老百姓提醒「國家」的存在。

　　然而晚清的一大不同，就是在外國榜樣的影響下，「國家」的責任和政務發生了根本的轉變。端方等大臣在出洋考察政治後，便明確提出，教育不能聽民間自為。他們承認十多年的創辦新學並不成功，而其原因，則是「考覽未周，遽為興辦；而學部設立獨後，一切聽民

---

22 可參見《蘇撫奏撥蘇省學務經費》，《申報》1908年7月28日，1張5版。

23 胡思敬：《極陳民情困苦請撙節財用禁止私捐摺》，《退廬全集‧退廬疏稿》，734頁。

24 夏曾佑：《再論中央集權》（1904年9月），楊琥編：《夏曾佑集》，上海：上海古籍出版社，2011年，236頁。

25 夏曾佑：《論赫總稅務司理財條陳》（1904年3月），《夏曾佑集》，151頁。

間自為」，故不可能「不滋歧誤」。[26] 其實外國並不皆設學部，而學務至少也是官民共舉。這裡的榜樣，其實就是設文部的日本。以前中國的教育向來是政府引導而民間自為，如今與「理財」相類，政府也要直接從事了。

河南巡撫寶棻便敏銳地注意到：「昔以教育為私人事業者，今則屬於國家行政一端。」由於教育是推行最早的新政，故表現最明顯，但也僅是一個側面。更為根本的，是「一國之政務，今昔不同」。據其概括：「昔之政務簡，故經費亦隨之而寡；今之政務繁，經費亦隨之而多。昔日支出之經費，國防與俸給而已；今則為民保安之政、助長之政，皆為國家之行政上必要經營之事業。」寶棻最直接的擔憂，仍是政府經費的支出「浩繁而無有限量」，[27] 但他無意中卻道出近代中國一個根本的轉變，即過去民間承擔的社會責任，現在逐漸轉化為政府職能，落到國家頭上了。

從表面看，由國家來承擔社會責任，民間當有「減負」的輕鬆感。但民間的實際感覺，卻遠更複雜得多。因新形勢而開始分裂的士紳，其感覺或有進有退（詳後）；老百姓的直接感受，顯然是付出的大幅增加。新政所需的款項和既存的巨額戰爭賠款以及外債等，最終都落實到老百姓身上，成為不小的負擔，早已不得人心，造成了強烈的民怨。清季政府本已面臨著普遍的不信任情緒，上述各種作為，皆直接違背不與民爭利的傳統觀念，屬於典型的苛政，是「失道」的表現。

從老百姓的認知角度看，今日我們所說的「國家」，正落實在親

---

26 端方、戴鴻慈：《考查學務擇要上陳摺》（光緒三十二年七月），《端忠敏公奏稿》，臺北：文海出版社，1967年影印（沈雲龍主編《近代中國史料叢刊》第10輯），776頁。

27 河南巡撫寶棻：《奏遵旨並議御史趙炳麟等奏請確定行政經費摺》，《政治官報》，第1055號（宣統二年九月），12-14頁。

民的州縣官身上。州縣官最主要的職能，一是徵收錢款，二是審斷訟
案，亦即其主要幕僚錢穀、刑名二師爺所代表的領域。對於前者，百
姓的追求是付出的穩定，完糧之後即「相忘」，應是理想的狀態。對
於後者，在盡可能避免的同時，也期待著有冤能申。清末的現象是，
前者的付出與日俱增，後者的功效卻逐漸虛懸。前一意義的「國家」
越來越強勢，後一意義的「國家」則明顯乏力。

三　司法改革所見國家象徵的轉變

　　清季「國家」責任和政務的轉變，與「司法獨立」的改革密切相
關。故國家職能的轉變，法制改革不能不述。但直到辛亥鼎革，大多
數地方尚未建立獨立的審判體制，故在民國之前，司法獨立更多仍是
虛擬的，則其論述也可以相對簡略。一方面，法制改革的實際進程是
相對緩慢的；另一方面，從晚清到民國，這又是各項改革中持續性最
強的一個方面，其社會影響也同樣更具延續性。

　　清末所謂司法改革，除中央層級的修訂法律外，本與政治改革中
的改官制密切相關。歷代州縣一級的親民官，其最主要的兩項職能之
一就是維持治安（另一職能即稅收）。在清末設計的體制中，財政將
半獨立，司法獨立之後，地方官的政務究竟何在？司法與行政的分離
是全新的事物，治安程序中今日歸員警（公安局）和檢察負責的部
分，當年便未曾梳理明白。不僅民眾不習慣，官員本身也未必清楚。
而新舊機構的重疊，既預示了爭權奪利的可能性，也留下了相互推諉
的空間。改革剛開始，已有一些問題出現。

　　兩江總督張人駿就擔心，司法案件不由州縣官起訴，老百姓不習
慣，未必肯接受：「誠恐小民無知，動多牴觸。」他建議「凡控案仍
由州縣受詞」，然後交審判庭核明，「應拘傳逮捕，即會出簽票。原被

告徵到案，由廳分別訊辦」；地方官員「不得過問，亦不負責」。[28] 河南先後兩任巡撫也注意到：「向例，民人詞訟，均由州縣衙門起訴。地方之習慣，民間之信用，悉注重地方牧令。當司法、行政創始分權，行政官每於廳員司法內之行政事務，亦多任意推諉；甚至置緝捕命盜重案於不顧，轉以應歸審判衙門為辭。」而由於「職權不清」，若「行政官既未明責任，司法官又好攬事權，將利未見而弊旋生，人民生命財產之危，益將無可究詰」。[29]

　　這些方面大員觀察到一個重要現象，司法獨立雖為後之研究者所青睞，老百姓並不視為「進步」，既不習慣，也不很願意接受。類似的情形，到理論上司法已經獨立的民初仍在延續。不少老百姓不願赴各類司法機構告狀，仍希望那些已改換名稱的青天大老爺為其做主（詳另文）。任何改革，若僅依據學理進行評判，而不從被改變的當事人視角看待，恐怕難免隔靴搔癢。近代的法制改革，還需多考慮老百姓的真實感受。

　　且由誰審案不僅是程序問題，也直接涉及到經費的收支。向來官府受理命盜等重案，涉及「招解人犯」、「驗屍」、「緝捕盜賊」的「三費」，是不菲的開支。此前四川曾創設「三費局」，收取肉釐、契捐等，以官督紳辦的方式管理──「皆係民捐民辦，不過官為董率」；即「官只稽查，而不敢染指」，故能「相安多年」。有此機構負責「三費」的支出，不再向告狀人收取費用，民間視為善舉。有餘資時，還兼作義學、恤嫠、育嬰等善事。[30] 改革之際，這類事務劃分在哪一方

28　《張人駿致龐鴻書電》（1910年12月18日），《龐鴻書討論立憲電文》，《近代史資料》第59號，67頁。

29　《開缺河南巡撫寶棻、河南巡撫齊耀琳奏籌備憲政並目前困難情形摺》（約1912年1月），《內閣官報》第168號（宣統三年十二月二十日），「奏摺‧憲政類」，原不標頁。

30　四川按察使游智開：《詳請專停海防肉釐仍留三費肉釐》（1888年），鍾慶熙輯：《四川通飭章程》，臺北：文海出版社，1977年影印（沈雲龍主編《近代中國史料叢

面，也意味著責任和支出的歸屬。

更重要的是，在今日所謂司法方面，以前地方官和民間本有分工，長期推行著一種官紳合治的模式。如胡思敬所說：「兩造爭訟，訴之族；不聽，再訴之鄉；再不聽，後乃告官。」[31] 故以前地方的息訟（重案除外），尤其在操作層面，民間扮演了非常重要的角色，具有實際的功用。用今日的法律用語來表述，在州縣受理審斷前，實際存在一個「前司法」的程序，且往往能解決問題。

在某種程度上，民間的息訟努力也可視為訴訟本身的一個組成部分（即使命盜等重案，也有「三費局」這樣的官督紳辦機構進行協助，實際已參與到「司法程序」之中）。而司法和行政分立後，獨立出來的司法基本借鑒外國章法，缺乏與民間協調的傳統；若由好事者任法官，更會願意攬事。一旦三權分立的改革完成，司法獨立成為現實，行政固不能干預司法，民間亦將基本退出。所謂「前司法」階段逐漸不復存在（若依新律，還可能被認為不合法），訴訟方面的官紳合治模式也就正式退隱，可以說是典型的國進民退。

在「道」高於「勢」的時代，至少在理想型的意義上，「道」是超越於具體朝廷治統之上的。為官的士人（即士大夫）作為個體直接面對著「道」，在「道」的面前人人是獨立的自我，因而也是「平等」的。法律雖由國家（朝廷）制定，至少科舉出身的地方官斷案，往往可以不嚴格依律而替天行「道」、對「道」負責。這樣的審斷，或可以說是更高意義上的「司法獨立」，不過並非相對於「行政」，而

刊》續編第48輯），41-43頁。關於四川三費局，參見裡贊：《晚清州縣訴訟中的審斷問題》，北京：法律出版社，2010年，241-252頁；Bradly W. Reed, "Money and Justice: Clerks, Runners, and the Magistrate's Court in Late Imperial Sichuan," *Modern China*, 21:3(July 1995), pp. 368-75.

31 胡思敬：《請免江西加徵並緩辦地方自治摺》（1910年8月3日），《退廬全集・退廬疏稿》，918頁。

是相對於有形的「國家」。[32] 當然，這種獨立並未體現在文字章程上，不是成文的「制度」，但在實踐中一直存在，也是很多官箴書的主題。[33] 隨著經典在近代的淡出，[34] 意味著「道」的隱退，新體制下的司法獨立，更多體現在機構人事的分野上，整體未曾脫出國家的框架。[35]

今日所謂「司法」，以前就是州縣官的「政務」。[36] 與審斷相關的各項事、權、責，原來集中在地方官一人身上，是其不可推卸的責任。在新的法制和官僚體系裡，「司法」功能因新機構的設施而分解，責任也隨之分散。「司法」在獨立的同時，也變得更為模糊——從受理層面開始，「打官司」就可能變成官僚機構內部的文牘循環；以前無法逃避的責任，現在有了敷衍推諉的可能。除稅收外，「官司」本是老百姓和「國家」打交道最經常的方式。老百姓原來面對的「國家」很具體，即州縣官；在新體制下，老百姓面對的「國家」實更抽象虛懸，也因更加繁複而更難打交道。

簡言之，受理訴訟是百姓眼中「國家」最主要的象徵之一。在整個國進民退的進程中，這一變革的逐漸落實，更多是在進入民國以後了，故本文不進行詳細的陳述。但很多後來變得顯著的現象，在清季已見端倪，也不能忽視。

大體上，近代的「國進民退」有一個發展的過程，且各地進展不

---

32 這樣一種允許「獨立」的審斷，在世界範圍內都極為罕見。即使在宗教指引政治法律的社會，也少見執法者直接面對最高教義並對其負責的審判。

33 例如，樊增祥的《樊山政書》（宣統庚戌刊本，無出版地）之中，便頗多不嚴格按律審斷的案例。重要的是樊氏正以此自豪，覺其可為他人範例。

34 關於經典在近代的淡出，參見羅志田：《經典的消逝：近代中國一個根本性的變化》，臺北中研院第四屆國際漢學會議，2012年6月20日。

35 本段與下段，承北京大學歷史學系薛剛同學提示。

36 參見里贊：《司法或政務：清代州縣訴訟中的審斷問題》，《法學研究》2009年5期。

一，但趨勢從清季新政時代起已經形成。辛亥革命後，政權雖鼎革，國進民退的趨勢並未改變。從中央看，似一度有些隱退，蓋民初北京政府大體不那麼強勢，在行為方面也不特別積極；唯各地情形不一，各省實際控制政權的軍政官員，其執政的積極和消極，相差甚大，也不排除一些地方的「國進民退」更甚於前。羅振玉在為清遜帝建滿洲國的通電中曾說：

> 在昔光宣之間，雖政治衰弱，然有苛稅百出、不恤民命如今者否？有徵繕不已、千里暴骨如今者否？有倫紀頹廢、人禽不別如今者否？有官吏黷貨、積資千萬如今者否？有盜賊橫行、道路不通如今者否？[37]

這當然是個有特定政治傾向的陳述，但這類通電至少立意是要「取信於人」的，不能全無依據、信口開河。羅振玉和胡思敬在民初的政治立場是相近的，而兩人對清末民初的認知，顯然不同。羅對民國前二十年狀況的觀察，與胡在清末的描述非常接近。若其所指出的變本加厲現象多少是真實的，即使僅是區域性的，也說明清季的搜刮雖已讓民眾感覺不能接受，卻也僅是「前所未有」而已，尚非後無來者，但那就足以拖垮了清朝。

北伐後建立的國民政府，更欲有所作為，且是一個真正有意願滲入基層且也有所行動的政府，掀起了國進民退的第二波高潮。錢穆後來描述的「政府來革社會的命」這樣一種特殊現象，[38] 也基於相近的

---

37 羅振玉：《集蓼編》，收入《雪堂自述》，南京：江蘇人民出版社，1999年，60頁。

38 錢穆：《革命與政黨》（1951年），收入其《歷史與文化論叢》，臺北：東大圖書公司，1979年，165-169頁。並參見羅志田：《士變：二十世紀上半葉中國讀書人的革命情懷》，《新史學》18卷4期（2007年12月）。

思路，可視為同一傾向——即（代表國家的）政府與社會處於對立態勢——的另類發展。這在邏輯上也是自然的，國家既然承攬了更多的責任，國家機器就不能不擴張，不論是傳統意義上的民間還是今日認知中的社會（society），都會感覺到其間的張力。

四　新舊的「自治」與不同的「公」

從古今中外的歷史看，不論在什麼意識形態指引之下，國家機器本有一種擴張的自主性，若不從觀念和制度上有所約束，其擴張往往直指民間。首當其衝的，正是今日所謂的「社會」。杜亞泉在一九一一年初指出：「國運之進步，非政府強大之謂。不察此理，貿貿焉擴張政權，增加政費，國民之受干涉也愈多，國民之增擔負也愈速。干涉甚則礙社會之發展，擔負重則竭社會之活力。社會衰，而政府隨之。」[39] 他以新的術語重申了民富國安的傳統思路，特別是指出了「國家」對「社會」的依賴，實深有所見。這樣的睿見，在當時或有些超前，此後也很少引起注意。

胡思敬在一九一〇年便指責說，國家直接插手社會事務，嚴重損毀了社會的活力。在「新政未興之前，民間相率斂錢，以成義舉」。從孤寡廢疾到水旱盜賊，以至橋梁道路，捨藥施茶，「莫不有會」。教育有機構，訴訟也有相應的調節機制。「蓋不必張樹地方自治之幟，搖炫四方耳目，而各府州縣隱然具一自治之規。自新政大行，民氣日囂，漸藐官長，何論族鄰！公產盡為豪強吞併，一切義舉，劃破無遺。而地方自治之基壞矣！」[40] 胡氏以不喜歡新政著稱，但其觀察並

---

39 杜亞泉：《減政主義》，《東方雜誌》8卷1號（1911年3月），田建業等編：《杜亞泉文選》，上海：華東師範大學出版社，1993年，12頁。

40 胡思敬：《請免江西加徵並緩辦地方自治摺》，《退廬全集·退廬疏稿》，918-919頁。

非無因而至。新型地方自治的倡行，卻毀壞了既存地方自治的基礎，真是一個弔詭意味（paradoxical）十足的結果。

　　新的「地方自治」乃是「籌備立憲」的要項，也正是在自治的推進中，時人感覺到了新體制的衝擊。當時度支部曾通飭各地，自治不得動用官款，否則與自治之義不符。孟森則以為，所謂官款，並非「官之自款」，而是取自民間，不說是「民款」，也應視為「國款」。乃「不曰國家之款，而曰官款」，正表現出「官之目無國家」。當時地方辦理的「自治」，如學校、員警、衛生、水利、交通，以及議事、行政、清查戶口、試行選舉等，若皆非國家之事，則國事何在？由於過去以官治國出了問題，人民「不忍國家之斷送於官，起而求治」，故自治亦治國。則「以國家之款，濟國家之治」，於義有何不恰？[41]

　　以當年的既存觀念看，孟森所論，似不無牽強；特別是他指控官員「目無國家」，有故意入人以罪之嫌。但他確實敏銳地感覺到了問題之所在——「官」既非「國」，而地方事務又皆國務，則國家、地方、官、民等基本要素，似都有了重新定位的必要。國家與官、地方與民及地方與官等相應概念，都需要釐清，以界定國家與民的相對關係；而國家與地方、官與民的慣常區分，也因此而衍生出新的涵義。同時，還有另一變數處於所有這些變數之間，且與其皆有關聯，即在廢科舉之後自身也面臨身份危機的士紳。[42]

　　在夏曾佑眼中，「中國地方政治，向以官紳二部組織而成」。官代表著朝廷，「而紳則地方所推舉，官不得而強之。是無立憲之名，而猶略存立憲之意」。[43] 當年所謂「民間」，大體是紳和民共同構成的。

---

41 孟森（心史）：《論自治與官款》，《申報》1908年9月8日，1張3版。此條材料承北京大學歷史學系周月峰同學提示。

42 參見羅志田：《科舉制的廢除與四民社會的解體——一個內地鄉紳眼中的近代社會變遷》，《清華學報》新25卷4期（1995年12月，實印於1997年4月）。

43 夏曾佑：《論浙江農工商礦局紳士之歷史》（1905年7月），《夏曾佑集》，360頁。

紳一方面代民立言，同時又為民楷模，在國家與社會、官與民之間起
著承上啟下的重要作用。任何地方，若「其地多紳士，則地方官不敢
肆然為非，而民得少安」。故在舉國討論科舉名額宜減之時，孫寶瑄
卻贊同宋恕的意見，主張增額。蓋「紳士之多寡，皆視舉人進士之多
寡；故中額宜增，亦所以潛扶民權」。[44] 若用晚清人的套話表述，民
權也常體現在紳權之上。

　　這樣看來，「國進民退」中的「民退」部分，主要體現在「民
間」範圍裡原本常態運作的「自治」部分的隱退（息訟功能的捐除，
便是一個較明顯的表徵）。晚清的公領域，確有所謂「中國特色」，[45]
廣可及「天下士」的清議，切近鄉曲處則由各種公共會社構成，以公
產為基礎，以士紳為主導。[46] 清議以超越的「道」為依據，此不能詳
論；後者是民間活力的真正體現——它既是民間的代表，又代民間表
述（日出而作，日落而息的多數人，往往是沉默不語的），的確可以
說是隱具自治之規。

　　陳獨秀便曾注意到中國傳統社會的「與眾不同」，即「除了訴訟
和納稅以外，政府和人民幾乎不生關係」。但人民自己，「卻有種種類
乎自治團體的聯合：鄉村有宗祠、有神社、有團練；都會有會館，有

44 孫寶瑄：《忘山廬日記》，1898年5月14日，上海：上海古籍出版社，1983年，201頁。

45 哈貝馬斯（Jürgen Habermas）等學者基於歐洲社會的公共領域論述，自有其章法，
本文無意與其進行具體對比。這方面一些新的討論，可參見查理斯·泰勒（Charles
Taylor）：《現代社會想像》、李丁贊：《市民社會與公共領域》、蔡英文：《公共領域
與民主共識的可能性》，均收入許紀霖主編：《公共空間中的知識分子》，南京：江
蘇人民出版社，2007年，33-105頁。

46 溝口雄三曾說，太平天國之後，「鄉紳階層已不再停留於官制論式的，換言之，即
對『封建』委婉、隱晦的要求，而開始逐漸實現相對於官方的民（實質上是紳）的
自治」。溝口雄三：《作為方法的中國》，孫軍悅譯，北京：生活·讀書·新知三聯
書店，2011年，98頁。其所關注的雖不同，卻已提出相對於官方的「民」實質是
「紳」的見解。

各種善堂（育嬰、養老、施診、施藥、積穀、救火之類），有義學，有各種工商業的公所」。在他看來，「這些各種聯合」，就是中國實行民治（即今日所謂民主）的歷史基礎。[47]

蔣夢麟也說：「中國的人口，是由許多自治的小單位構成的。」這些或大或小的單位，「以家庭、行業和傳統為基礎而形成」，由「幾千年累積下來的共同的語言、共同的文化和共同的生活理想疏鬆地聯繫在一起」。他雖對「團體內各分子的關係比對廣大的社會更為親切，他們對地方問題比對國家大事了解較深」表示不滿，但仍指出，這樣一個「天高皇帝遠」的社會，「好處在於使中國生活民主，雖經數百年之戰亂以及異族之入侵而仍能屹立無恙；壞處在於中央政權軟弱無能，因而易遭異族侵淩」。[48]

蔣氏所說的「小單位」，大體即陳氏所說的「聯合」。他們兩位當年都是典型的尊西趨新人士，陳更以反傳統著稱；卻都確認了中國社會的「自治」，並從中看到了「民主」。尤其陳獨秀眼光敏銳，看出了中國社會在世界範圍中的獨特，即其所謂「上面是極專制的政府，下面是極放任的人民」。[49] 後來史家吳天墀先生也把宋以降中國社會概括為「君權獨尊之下，萬民轉趨平等」。[50] 兩人表述不一，而所見略同。這樣的社會，又以陳獨秀所說的人民「極放任、不和政府生關係」為特色，這正是蔣夢麟書中一再提及的「天高皇帝遠」。

很明顯，「小單位」也好，「聯合」也好，都具有既非官方也非私人的特性。不過，這樣的公領域在清季受到強烈的衝擊。新政期間，凡新增的正式徵收，大體還是官方出面。到舉辦「地方自治」時，在

---

47 陳獨秀：《實行民治的基礎》，《新青年》7卷1號（1919年12月），14-15頁。

48 蔣夢麟：《西潮》，臺北：中華日報社，1960年再版，129頁。

49 陳獨秀：《實行民治的基礎》，《新青年》7卷1號，15頁。

50 吳天墀：《中唐以下三百年間之社會演變——慶曆變革與近世社會之形成》（上），未刊稿，劉復生抄錄整理。

「官不經手」的基本準則下，實際經手的士紳就成了收費的表徵。一九一〇年山東萊陽的民變，據說即因辦自治而「地方紳士藉口經費，肆意苛徵。履畝重稅，過於正供；間架有稅，人頭有稅，甚至牛馬皆有常捐；悉索敝賦，民不聊生」。儘管「跡其亂變之所由來，固莫非官吏之製造而釀成之」；但卻導致「紳民相仇，積怨發憤，而亂事以起」。[51]

在新政的壓力下，一些深知新政擾民的州縣官，有時也故意卸過推怨於紳士。例如，在袁世凱任總督期間，直隸曾以官紳合作辦理新政著稱。[52] 但稍後直隸按察史齊耀琳觀察到，「大凡地方紳士因辦地方自治各事稟準籌款方法」，州縣官在出示時，必「大書特書某紳創辦某事並籌款方法」，以「卸過推怨」。而「鄉民無知，不識地方自治為立憲基礎，惟知出錢為割心頭之肉」。故「近來各處鄉民滋鬧，動輒波及地方紳士」；每有暴動，首當其衝的往往是紳士。結果，紳士因「多受毀辱」，遂「視新政如畏途」，不得不隱退自保。[53]

在傳統的官紳民關係中，紳是居間的重要環節，如今竟兩面受敵，被迫淡出，則昔日的官紳合治模式已開始化解，鄉間逐漸走向失序狀態。江蘇巡撫程德全注意到：「本省各官，往往因公與紳不洽；即洽矣，而又事事徇其所請，幾忘許可權之所在。今不但官與紳不

51 長興：《論萊陽民變事》（1910年），張枬、王忍之編：《辛亥革命前十年間時論選集》，第3卷，北京：生活・讀書・新知三聯書店，1977年，653頁。

52 參見Stephen R. MacKinnon, *Power and Politics in Late Imperial China: Yuan Shikai in Beijing and Tianjin, 1901 - 1908*, Berkeley, Calif.: University of California Press, 1980, pp. 137-179.

53 《官激民變》，《廣益叢報》第8年第24期（1910年10月22號），「紀聞」頁5A。州縣官試圖造成類似印象，顯然並非直隸僅有的現象。在浙江留學生孫江東的記憶中，紹興曾有收航船捐以充學堂經費的計劃，就是「某紳創議」的。孫江東：《敬上鄉先生請令子弟出洋遊學並籌集公款派遣學生書》，《浙江潮》第7期（1903年9月11日），16-17頁。此條材料承北京大學歷史系周月峰同學提示。

洽，即民與紳亦不洽；且不但民與紳不洽，即紳與紳亦不洽。」[54] 基層的官、紳、民關係已經紊亂，而重建秩序的過程則相當漫長。

進而言之，此前代表民間的士紳既淡出（士紳本身處於分化之中，也有一些人更積極進取，詳後），意味著官與民處於直接對立的態勢。至少從秦漢以來，即在郡縣制取代封建制之後，這是真正「前所未有」的現象。隨著以紳為主導的公領域之退隱，「民間」或許更加名副其實了，卻也讓「民」的主體更直接感受到「國進」的衝擊。

端方等大臣當時已看到國與民的對峙——「若偏重於國家，則必減少人民之幸福；若偏重於人民，又必搖動國家之根本。」故理想的方略，是「以國力而使人民得其安全發達，又以民力而使國家得其安全發達」。[55] 國與民並重的主張看似兩全其美，卻建立在一個冷峻的現實之上，即人民的幸福和國家之根本已成為一種對立的競爭關係。這若非一個新現象，至少也是一種新認知。基於此，他們甚至可以明言：「凡國家與民人之交際，將有所奪，必有所予。」[56]

四川總督趙爾巽在奏報經徵局成績時，便一則言其「上不費國帑之錙銖，下不加民間之毫末，鉅款應時而集，公費無待他籌」；再則言經徵之辦，「有利於國，有益於民，而獨不便於僥倖致富之官吏，與夫包攬釐稅之紳首」。[57] 這些象徵性的言說，最能體現時代的轉變。其

---

54 程德全：《到蘇接篆後上親貴及政府書》（1910年），《辛亥革命江蘇地區史料》，17頁。

55 端方、戴鴻慈：《請定國是以安大計摺》（光緒三十二年七月），《端忠敏公奏稿》，711-712頁。

56 端方、戴鴻慈：《考查學務擇要上陳摺》（光緒三十二年七月），《端忠敏公奏稿》，802頁。

57 《督憲（四川總督趙爾巽）奏創辦經徵酌保出力各員摺》，《廣益叢報》第8年第6期，「章疏」頁1a-2a。

間「國」與「民」的對接，正是排斥了原在基層合作的「官紳」。[58]

關鍵在於，若「民事舉歸官辦，官有權而民無權，官取利而民攘利。官與民遂顯然劃為公私兩界：民除其家之私事而外，一切有公益於一鄉一邑者，皆相率退而諉之於官；官以一人而兼理庶事，勢必不及，而又不能公然責之於民」；[59] 原本活絡互動的社會關聯便中斷了。

在不強調權力而更重責任的傳統中國社會，那些「有公益於一鄉一邑」之事務，本是官紳合辦的。今日所謂國家的「公權力」，昔年在一定程度上是官家與民間分享而「公有化」（並非私有化）了的。傳統鄉紳說到他們所負責的地方事務時，便常說是「公事」。以紳士為表徵的中國式「公領域」淡出後，官與民遂劃為各顧各的「公私兩界」。後一「公」與前一「公」大不相同，乃今日所謂「公權力」或「公款」之「公」。[60] 國家既成了「公」，紳與民所共有的「民間」也單一化，逐漸衍化為與國家對立的「私」。

新的地方自治與胡思敬眼中既存的自治有一個重要差別，即前者不再是地方紳民自發自為之事，而已轉變成為「國家」授權之事。憲政編查館對此的表述非常簡明：「自治之事，淵源於國權。國權所

---

58 按趙爾巽創設的經徵局，把原來由民間包收的契稅和雜稅改為由官經收，也是一種曲線的國進民退（經徵局代表著自上而下的官力，針對著原來借助民力的官紳合作）。其奏准官辦的經徵局，在一些地方恰取代了官紳合作的三費局。到民國初年，由於「正紳」的退隱，「不肖之團保與無專門學識才能之書吏，乃得續承緒統，為國家地方之主人翁」。王用予：《市村制度論》（續一），《尚志》2卷4號（1918年4月），6頁（文頁）。此承北京大學歷史學系梁心同學提示。

59 不署名：《論立憲當以地方自治為基礎》（錄乙巳八月二十三日《南方報》），《東方雜誌》第2年第12期（1906年1月），217頁。

60 清末最後兩三年文牘中的「公費」，往往是政府辦公費的省稱；而其所辦之「公」，便是一個與民間公產公會不同的「公」。但我必須說明，這只是概括一個象徵性的轉變。在時人的文獻和言說中，「公」仍未清楚地界定，其究竟指代「官」或「民」，常依上下文而定。

許，而自治之基乃立。」故「自治規約，不得牴牾國家之法律」；而「自治事宜，不得抗違官府之監督」。[61] 這樣，地方上的事是否算「自治」及怎樣自治，均須得到國家的認定，以法令形式明確之，且實際置於地方官的管控之下。由於自治有了這樣的新界定，以前實際存在的自治，便不復為自治，甚至成了不治。

出洋考察政治的戴鴻慈和端方就注意到，外國的「州郡府縣，其下畫區數十，置吏數百，以分舉各務」；而中國自隋唐之際廢鄉官後，州縣官乃「以一人而治彼數百人之事，絕無佐理之人」。且不僅州縣官「以一人舉歐美數百吏之職，其受治之人民，亦復群焉依賴，未嘗自結團體，自開智識，以謀一方之公益」。由於「各國之強，莫不原於地方自治」。所以中國的地方自治，比立憲更加刻不容緩。[62]

這是典型的以新「自治」觀念來評衡既存事實。中國的州縣官能以一人治歐美數百吏之事，正因民間能自治，即人民像他們所說的那樣「自結團體、自開智識，以謀一方之公益」，充分體現了小政府的長處。如果人民並未如此，而以一人治州縣，則在以千年計的長時期中，中國豈非一片亂象？

其實戴、端二人也知道，地方自治的意思，就是「以國事之一部分委之人民之自理，以補官吏之不及」。但其心中已先有一個自治的

---

61 憲政編查館：《奏核議城鎮鄉地方自治章程並另擬選舉章程摺》（1908年），《清末籌備立憲檔案史料》，下冊，725頁。按怎樣界定和認知「自治」，不僅時人頗不一致，今人和昔人也大不相同。昔年進入操作層面的自治，更多是與「官治」對應的，既與此前嚴復等人所論的自治不甚同，更與今人從三權分立視角所觀者大異，詳另文。

62 戴鴻慈、端方：《奏請改定全國官制以為立憲預備摺》（光緒三十二年七月），《清末籌備立憲檔案史料》，上冊，376-378頁。這一自治定義的轉變是極為重要的，因為二人也說，「自治制度苟發達，雖不行憲法，而國本已可不搖」。則如果確認此前中國地方已經自治，就連是否需要立憲，也不那麼急迫了。

典範，即必須像外國一樣通過選舉產生基層長官和各級議會，然後可謂自治。據此外來標準，他們可以確信：「地方自治制度，中國所無，而各立憲國皆有之。」[63] 唯地方實際是否已治，卻基本不予考慮。其背後的預設，即地方不可能無官而治；只要無官，即是不治。蔣夢麟所見的「小單位」和陳獨秀所說的「聯合」，他們（或代為起草之人）顯然都視而不見，僅因看到無官，便據此推出了「不治」。

　　隨著「自治」觀念的轉變，如果此前的「公」基本是民間的，此後的「公」則日益成為官方的了。以江蘇的地方自治為例，在《城鎮鄉地方自治章程》頒布之前，兩江總督端方和江蘇巡撫陳啟泰在省城設立籌辦地方自治總局，尚主張該局「辦事經費，本應由地方公眾擔任。惟目前局由官立，性質既微有不同」。故「該局逐月支銷之款，暫飭財政局墊撥。俟地方籌款有著，再議歸償」。[64] 而在《城鎮鄉地方自治章程》頒布之後，不僅自治經費確定首先來自清查公款公產，且清查本身也意味著「公」的轉換。

　　《城鎮鄉地方自治章程》本規定：所謂「公款公產，以向歸本地方紳董管理為限」。但江蘇所編的《〈城鎮鄉自治章程〉講義》則進一步「解釋」說，「自治未成立之先，何事不屬國家」？自治的事權，也「莫不授自國家」。則公款公產的辨析，「宜視該公款公產是否供地方之用，抑或供國家行政，而定其可為自治經費與否」。而「不能問其向時之管理者為何人」。當然，作者也指出，那些專「供地方之用」者，即使「官為經理」，仍為自治經費，「即宜正名為地方之公款公產」，而不能移之於國家行政之用。[65]

---

63 端方、戴鴻慈：《請定國是以安大計摺》，《端忠敏公奏稿》，700、714頁。

64 端方、陳啟泰：《為設局籌辦江南地方自治摺》（1908年2月），中國第二歷史檔案館編：《中華民國檔案資料彙編》，第1輯，南京：江蘇人民出版社，1979年，103頁。

65 本段與下段，《城鎮鄉自治章程講義》（《江蘇自治公報》第51期），江蘇蘇屬地方自

這是一個關鍵的區分，即「公款公產」的性質可根據其實際用途決定，分為「地方自治」和「國家行政」兩類（這倒部分支持前引孟森所謂地方自治多屬「國事」的見解）。講義的作者強調，由於地方從前並無「公法人之自治團體」，故其「動產不動產，只有供公用之義」，而「尚無公有之名稱」（一些善堂產業除外）。換言之，此前的「公」雖實際發生作用，卻並不特別看重「公有」的名稱；如今的「公」則以法人自治團體為基準，在政府的指導和監督下核準確立。

當時就有人主張，「地方自治之實行，以清理財產而明其財產之所屬為第一義」。[66] 其原意主要是針對財產被侵蝕和產權爭執會導致自治經費無法落實，無意中卻道出了「清查」的言外之意——經過清查，公款公產「所屬」果然有了根本的轉變。江蘇省諮議局通過的《籌定自治經費案》規定：

> 各廳州縣原有之公款公產，應俟廳州縣自治成立以後，由廳州縣議事會按照各項公款公產之性質，分析其來源及用途之界限，定為廳州縣所有之公款公產。[67]

一轉手間，大部分民間的公款公產就變成官家的了。[68] 或許這就是「國進民退」這一轉變的實質意義：由於官方的有意作為，民間的

治籌辦處編：《江蘇自治公報類編》（宣統三年），臺北：文海出版社，1988年影印（沈雲龍主編，《近代中國史料叢刊》三編第53輯），第1冊，446頁。

66 《〈蘇省清查廳州縣公款公產表式〉按語》，《預備立憲公會報》第2年第19期（1910年1月9日），22頁。

67 江蘇省諮議局：《議決撫臺交議籌定自治經費案》，《申報》1909年12月5日，3張2版。

68 這當然有一個過程，進入民國以後，清查地方公款公產仍是一些地方政府的持續作為。例如，《江西省各縣清查公款公產暫行辦法》，《江西省政府公報》，第473期（1936年4月18日），1-7頁。

公有資源被剝奪，相關的「義舉」式活動也就難以為繼。既存的「公領域」或不存在，或性質與功能都大幅轉變。國家機器的擴張，客觀上導致了士紳的淡出。而士紳所代表的民間退出之後，足以取而代之的新社會力量並未養成，社會隨之潰散。「民間」既然不復能「自治」，一切責任便都落在進取中的國家身上了。[69] 而從觀念到體制以及操作上，承擔責任的「國家」和不復自治的百姓，其實都沒有充分的預備。

進一步的問題是，在層層的「國進」之中，構成「民間」的士紳、會社、公產等何以步步退縮、毫無抵抗力？且這還是在辛亥鼎革之前，所謂「普遍王權」尚在，一個延續了數千年的自治體制，何以就這麼悄無聲息地化解了？[70] 可知發生在辛亥年的那次「革命」及其帶來的政權鼎革，不過是以共和取代帝制為象徵的近代全方位巨變的一個象徵性轉捩點，其相關的轉變此前已發生，此後仍在延續。辛亥前最基本的變化，就包括四民社會的解體和經典的消逝。社會上四民之首的士不復能再生，思想上規範人倫的經典開始失範；隨著「道」的兩個主要載體——經典和士人的雙雙退隱，終演化成一個失去重心的時代。[71]

王國維稍後反思說：「自三代至於近世，道出於一而已。泰西通商以後，西學西政之書輸入中國，於是修身齊家治國平天下之道乃出

---

69 以息訟為例，人與人的糾紛，從來不僅是所謂司法問題，更是社會問題。對這類問題的解決，基於文化習俗的社會力量，起著不可忽視的作用。改革以後，不得不獨任其責的國家，壓力和負擔陡增。

70 此問題承北京大學歷史學系薛剛同學提示。

71 參見羅志田：《過渡時代讀書人的困惑與責任》，收入黃賢強主編：《漢學名家論集：吳德耀文化講座演講錄》，新加坡國立大學中文系、八方文化創作室，2011年，139-160頁。

於二。」[72] 這是一個根本性的轉變，既然西方自有其「道」，中國的「道」也就從普適於人類社會的指導思想退縮為與他道競存的一個區域成分。[73] 當時更能影響甚或代表輿論的那部分趨新讀書人，多以為中學不足以救亡，應轉向更能致富強的西學。他們越來越疏離於天下的胸懷，轉而站在一個競存於世界的國家立場考慮問題。[74] 這些人並非不了解既存的民間自治，但不覺得將其毀壞有多可惜，最多視為建立新式「自治」所必須付出的代價。

如果說清季的「國進」還有些猶疑徘徊，「民退」則是一個從觀念、體制到行為的全面退縮。不僅上有天下士推動支持「國進」的清議，代表「民間」的士紳也開始分化（即程德全所說的紳與紳不洽），或半主動地接受「國進」，或半自願地退而獨善其身。

在四川一些地方，官辦的經徵局取代官紳合作的三費局時，便曾得到趨新士紳的合作。如在南充，原本「代表民意」的機構是三費局，張瀾等趨新士紳則成立了農會、商會、學會三個新公會，並組成三會公所。為競爭「民意代表」者的地位，三會乃聯名申請裁撤三費局，將其併入官辦的經徵局。這一動議得到官方的支持，取得了成功。[75]

當然，近代國家與民間的關係是個非常寬泛的領域，本文僅側重「民間」那能動活躍並具有代表性的層面。儘管有前述新自治毀損了

---

72 王國維：《論政學疏稿》（1924年），《王國維全集》，杭州：浙江教育出版社、廣州：廣東教育出版社，2009年，第14卷，212頁。

73 說詳羅志田：《經典的消逝：近代中國一個根本性的變化》，臺北中研院第四屆國際漢學會議，2012年6月20日。

74 參見羅志田：《天下與世界：清末士人關於人類社會認知的轉變》，《中國社會科學》2007年5期。

75 事見任乃強：《張瀾先生軼事》，《龍門陣》，第1輯，成都：四川人民出版社，1980年，27-28頁。但任先生並不這樣理解，他更多視之為進步與落後之間的新舊之爭。

舊自治的弔詭效果，卻不能否認新自治的努力也是想要「自治」（在當時趨新官紳的心目中，恐怕還是唯一「正確」的自治）。另一方面，上文關於傳統公領域的概述，基本是所謂「理想型」的。在現實社會中，貪官和劣紳從來存在，在特定的時空裡，可能還較倡狂。這樣的官紳結合，很容易被定義為「官紳勾結」。

而張瀾等趨新士紳對「國進」的利用與配合，在一定程度上也可看作是新的官紳合作（儘管手段和目的都已不同）。在既存公共會社受到打擊的同時，各類新式社會團體也在創辦，不少還得到官力的扶助（商會、農會等，開始本是奉旨遵辦的）。若把這些嘗試和努力看作新型「公領域」的創建，似亦不為過。它們同樣是以士紳為主導、由各種公共社團構成，並覬覦著既存的公產；[76] 但也有一個根本的轉變，即不再以「道」為依據，或其所依之「道」已徹底更易。正因雙方這些同與異，新的公領域之創建，實際往往以取代既存公領域的方式進行。[77]

一言以蔽之，近代中國公領域的崩潰，不完全是由官紳合做到紳退民散的單線演化；[78] 其間各種新舊力量的糾纏互鬥，遠更曲折複雜。以昔日的語彙言，國進不一定表現為官進，至少州縣官是有進有退——錢穀方面似以進為主，刑名方面則退更明顯。後一退卻又是連

---

76 按清查公款公產者本由「地方官於城鄉士紳中遴派素行公正、眾望允孚者五人以上，詳請本府直隸州核發照會充任」（江蘇省諮議局：《議決撫部院交議清查公款公產辦法綱要案》，《申報》1909年12月5日，3張2版）。但隨後報紙就指出，「今之清查公款公產之人，往往為平日覬覦公款公產之人」，則其效果實難逆料。《時評三》，《申報》1910年7月18日，1張6版。

77 留學生孫江東就指責既存的善堂僅「注重於養，不注重於教」，與孔孟宗旨不合。他主張酌量減少施衣施食，移此款派人赴日本留學，學成後以新法種植公田、開工廠以收貧民，反能扶植擴充善堂的事業。孫江東：《敬上鄉先生請令子弟出洋遊學並籌集公款派遣學生書》，《浙江潮》第7期，15-16頁。

78 此承北京大學歷史學系王果同學提示。

帶的，即官退帶動著民退；而號稱獨立的新司法機構，仍是國進的一部分，故總體上仍以國進為主。

或可以說，「民退」並非「國進」的主觀目的；「國進」造成了「民退」，更多是一種「客觀」的後果。同時，對當年許多趨新讀書人而言，「國進」是積極正面的好事；且「國進」之後，以國家的力量重新澄清天下、再造社會，也是他們中很多人的期望。不過，這些因素的互動，實際造成了上述的困境，即國家機器的擴張與民間的失序成為大致同步的伴生現象。

而「國進」與「民退」的合力，使民間或不作為，即使作為也必待官方指引而後行（迄今亦然）。民既從觀念到行為全然被動，實難言自治之有無，社會亦漸呈有國無民之象。隨著公領域的全面潰退，「民間」的涵義相應改變，國與民的關係也在轉變中面臨著調適。

五　國民關係的轉變與「社會」的興起

在近代國家與社會各自及相互的轉變中，國民也面臨著從臣民到公民的轉型，不能不重新定位其與國家、社會的相應關係。本節無法詳細論證這一仍在進行中的變動進程，謹簡略探討「國進民退」在其中的影響。

需要反思的是，「民」意識的興起本是晚清的一個顯著現象。從「鼓民力」、「開民智」、「興民權」到「新民」等一系列口號，在在表明了代民眾立言的士人希望普通民眾在國家和社會事務中扮演更重要的角色，甚至在國家興亡中起決定性的作用——彷彿要把「天下興亡，匹夫有責」的舊觀念，改為「天下興亡，責在匹夫」的新主張。[79]

---

79 參見柯繼銘：《理想與現實：清季十年思想中的「民」意識》，《中國社會科學》2007年1期。

在「民」的重要性被提到前所未有的高度之時，卻出現了「民間」的全面退縮（相對於國家），這是一個充滿弔詭意味的現象，其間的衝突和緊張（tension），尤其意味深長。[80]

隨著立憲的推進，國與民的關係也在發生轉變。辜鴻銘曾說，一九〇三年湖北慶祝慈禧太后萬壽，「各署衙懸燈結綵，鋪張揚厲，費資鉅萬」。並「招致軍學界奏西樂，唱新編《愛國歌》」。他對參加宴會的梁鼎芬說，「滿街都是唱《愛國歌》，未聞有人唱『愛民歌』者」。而其即席擬出的《愛民歌》，則是「天子萬年，百姓花錢；萬壽無疆，百姓遭殃」。[81] 辜氏似乎在開玩笑，其所說卻並非戲言。「愛國」與「愛民」的對立，體現了一個發展中的根本轉變：

當民是君主的子民時，身份雖不那麼平等，卻是在上者眷顧的對象（官之愛民，既是其職責，大致也是代皇帝在愛）；昔所謂民為邦本，與象徵國家之社稷的重要性略同。一旦立憲而尊「國」，「民」遂成為第二位的考慮。在由君主國向「民主國」轉型的過程中，已經不那麼被「愛」的「民」，卻又離「做主」尚遠，即有淪為各級當權者予取予求對象的可能。

當然，國與民絕非僅有衝突緊張的一面。在晚清的思想論述中，也向有國富民強之說，甚或民富國強之說。[82] 且「國民」的概念在晚

---

80 更具弔詭意味的是，推動「國進」和強調「民」意識的，大致都是梁啟超所說形成「輿論」的同一群體，而他們似乎並不感覺其間的緊張。是他們沒有感覺到兩者的衝突？還是我們未能理解其間的關聯？需要進一步的探索。

81 辜鴻銘：《張文襄公幕府紀聞》，《辜鴻銘文集》，馮天瑜標點，長沙：嶽麓書社，1985年，17頁。

82 關於國富民強之說，承臺北中研院人社中心張福建教授和史語所陳正國教授提示。嚴復或是一個代表，他在《原強》及《原強修訂稿》中都說到富強不外「利民」，也常被引用。儘管那裡的「民力」指體力，而民智、民德等似亦與「富」無關。但他也確實說過：「大抵繼今以往，國之強弱，必以庶富為量。而欲國之富，非民智之開、理財之善，必無由也。」嚴復：《〈原富〉按語》，《嚴復集》，王栻主編，北

清已出現，到民初更日漸流行，說明「國」與「民」本也有彼此靠攏的相生一面。則國與民「相忘」的傳統追求，從晚清開始已為國與民「相近」的趨勢所取代。到「民國」新造，顧名思義，「國」與「民」的關聯應更密切。但國進民退的大趨勢，卻使本應更接近的「國」與「民」漸行漸遠。[83]

早在一九〇一年，或許是不滿中國長期未能實現國家「與民共治」，[84] 嚴復指出：中國的「國之與民，久已打成兩橛」；一邊是「向不問民之國」，另一邊是「久不知國之民」。[85] 此或更多反映出國與民相忘的傳統，亦即蔣夢麟所注目的「天高皇帝遠」，但在新的眼光下，顯然成為一個負面的現象。幾年後，鄧實也感覺到「人民之與國家，幾截然分為兩橛」。[86] 又十年後的民國四年，梁啟超繼續看到「人民與國家休戚漠不相關」的現象。[87] 在章士釗眼裡，已是「國與人民，全然打成兩橛」。[88]

具有中國特色的「公領域」，本帶有「通上下」的意味。這一上下之中間環節的退隱，直接導致了國與民的對峙。蓋分與合均是對應關係的不同表現，正因較前更看重國與民的關聯，二十世紀的讀書人才持續看到國與民的兩分。更深入的原因，可能是原本在國與民之上還有超越的「道」這一「終極價值」的存在。「道」的隱退，使得原

京：中華書局，1986年，第4冊，900頁。不過，國富民強和民富國強兩說影響似均不廣。整體上，「富」和「強」都更多落實在「國」之上。

83 此承北京大學歷史學系王波、王果同學提示。

84 嚴復：《闢韓》（1895年），《嚴復集》，第1冊，35頁。

85 《嚴復手批沈瑤慶奏稿》，收在習近平主編：《科學與愛國——嚴復思想新探》，北京：清華大學出版社，2001年，400頁。

86 鄧實：《雞鳴風雨樓政治書》（1905年），《光緒乙巳政藝叢書・政學文編卷三》，頁1a-1b（卷頁）。

87 梁啟超：《痛定罪言》（1915年），《飲冰室合集・文集之三十三》，6頁。

88 秋桐（章士釗）：《救國儲金》，《甲寅》1卷8號（1915年8月），6頁。

在其下的「國家」和「人民」都上升，但由於政治法律皆處於一種「無道」也無序的狀態，新的官僚制度和機構並不足以聯結日漸對立的國家和人民。[89]

很多民初讀書人的一個共同感受，即「民國」中卻不見「民」的位置。陳獨秀看到的是「中華帝國」、「中華官國」和「中華匪國」，[90]費行簡則深感「民國成立，軍焰薰天」。[91]民初文武關係逆轉，軍人地位的上升是明顯的，但也提示著某種行為方式的選項——在「民國」中看不到自己的「民」，便可能不得不選擇暴力的方式來對抗「國進」（從晚清開始，便有包括「毀學」在內的大量抗捐抗稅之民變，進入民國則地域更寬，也更具組織性）。

在一個從帝制轉向共和、從農業轉向工商業的新型國家中，曾經全面指導社會生活的經典已經淡出，久在身邊的楷模（即四民之首的士人）也已不復存在；[92]雖身歷從臣民到國民的轉變，一般民眾的政治和社會參與並未常態化（真正的全民動員和政治參與，是在所謂「文化大革命」期間，以一種極不正常的病態方式推進的）。如何創造具有公民意識的群體、并維護民眾的公民權益，仍是一個尚待完成的任務。[93]

---

89 此承北京大學歷史學系薛剛同學提示。他認為，正因以「道」為依據，傳統中國的「公」不必僅是介於國與民、上與下的中間部分，而是在國和民之上、之外、之間，以士為主體；道的意識形態與學田、族田一類微觀建置直接相連。說頗新穎。

90 陳獨秀：《實行民治的基礎》，《新青年》7卷1號，14頁。

91 沃丘仲子（費行簡）：《民國十年官僚腐敗史》，榮孟源、章伯鋒主編：《近代稗海》，第8輯，成都：四川人民出版社，1987年，17頁。

92 邊緣知識人的興起，部分也是在取代此前士紳的承上啟下地位。參見余英時：《中國知識分子的邊緣化》，《二十一世紀》，第6期（1991年8月）；羅志田：《近代中國社會權勢的轉移：知識分子的邊緣化與邊緣知識分子的興起》，收入其《權勢轉移：近代中國的思想、社會與學術》，物瀚：湖北人民出版社，1999年，191-241頁。

93 此承北京大學歷史學系王果同學提示。實際上，晚清「造國民」的言說本是多元的，朝野間都曾有一個明顯的傾向，即「國民」必愛國，首先就體現在願意輸將

這類「國」與「民」以及「民間」多重關係的轉變，曲折而繁複多歧，無法在此展開討論。實際上，不僅「自治」有新舊之差，國家、社會、國民等近代引入的基本概念，皆不必視為眾皆認可，順手拈來即用。從十九世紀後期開始，這些不同的主體，其自身處於形塑之中，相互之間的關係也處於調整之中，或只能動態地認知和運用。包括「官」與「民」、「公」與「私」這些久處思想言說之中的名相，在近代也漸獲新義，甚至脫胎換骨。所有這些新舊名相和實體，本都在互動的發展之中，迄今或也尚未「定型」。

在某種程度上，近代的「國進民退」，也是伴隨著上述轉變中的一個傾向。不過，新的「國家」雖較前遠更積極，卻又並未真正從政治倫理到體制機構方面作好獨任其責的準備。很多受大政府觀念影響的趨新人士，對民初的國家政治相當失望。到「五四」前後，中國似出現一個特別重視「社會」和個人的傾向。其所因應的，正是那處於轉變之中、強勢然而乏力的「國家」。

那是一個「政府」從諸葛亮所謂「宮中府中」的對應物向國家機器代表者轉化的時段，後來「無政府」傾向的風靡，多少針對著國家機器的擴張；那也是「社會」概念從引入到推廣並進而成為眾人口頭禪的時段，後人試圖「造社會」甚或發起「新村運動」，意味著他們眼中既存社會（如果存在的話）的崩潰，其實也就是民間失序的新表述。近代中國很多無政府主義者並不特別「虛無」，他們針對的正是一個太想「作為」的政府；而他們自己同時也在試圖重建一個介乎於國家與個人之間、更健康也更有活力的「社會」。[94]

（且多納稅還較愉悅）和當兵（保衛國家）之上，卻不一定強調不論個體還是群體的「民權」。

94 此承王汎森、沙培德（Peter Zarrow）兩兄以及北京大學歷史學系梁心同學提示。關於中國的無政府主義，參見Peter Zarrow, *Anarchism and Chinese Political Culture*, New

可以說，社會、個人等範疇的興起，無疑與「民間」那從倫理到民生那全方位意義（以及功能）的解析直接相關。梁啟超在清末就提出：「不患中國不為獨立之國，特患中國今無獨立之民。故今日欲言獨立，當先言個人之獨立，乃能言全體之獨立。」[95] 到一九一五年，他更明言：「今日中國，凡百事業，與其望諸國家，不如望諸社會；與其望諸社會，又不如望諸個人。」[96] 則其對社會和個人的提倡，或還在陳獨秀、胡適等新文化人之前。

又幾年後，梁氏進而求仁得仁，看到十年來「社會的進步」，是因為人民的努力，「從極黑暗、極混亂的政治狀態底下，勉強掙扎得來」的。那時的「國家」，正起著一種自上而下的破壞作用——「人家的政治，是用來發育社會；我們的政治，是用來摧殘社會。」[97] 這大體就是錢穆後來所說的「政府來革社會的命」。傅斯年因此強調，應推動自下而上的改造，「以社會的培養促進政治」。在他看來，若「相信改造是自上而下的，就是以政治的力量改社會，都不免有幾分專制的臭味」。[98]

而政治會議議員任福黎基於反向的認知，也提出類似的思路。任氏在一九一四年說，「今日人心之大患，皆先由社會而起，浸淫醞釀，而後國家受之」。因此，他也主張從社會入手進行補救，即恢復官方祀孔，通過維持禮教，使「人民知國家以道德為重，心目有所觀感」，

York: Columbia University Press, 1990. 關於民初的「造社會」取向，參見王汎森：《傅斯年早期的「造社會」論——從兩份未刊殘稿談起》，《中國文化》1996年2期。

95 梁啟超：《十種德性相反相成義》（1901年6-7月），《飲冰室合集・文集之五》，44頁。

96 梁啟超：《孔子教義實際裨益於今日國民者何在欲昌明其道何由》（1915年2月），《飲冰室合集・文集之三十三》，67頁。

97 梁啟超：《辛亥革命之意義與十年雙十節之樂觀》，《飲冰室合集・文集之三十七》，10頁。

98 傅斯年：《時代與曙光與危機》（約1919），臺北中研院史語所藏傅斯年檔案。

然後可以挽回風化，國家也因此受益。[99] 儘管與很多人關於國家與社會關係的看法不甚同，任福黎提倡的，仍是一種自下而上的變更思路。

但民國前十年讀書人在這方面努力的效果似不甚佳，到二十世紀三〇年代初，對國家已失望的丁文江，又看到了「社會的崩潰」。他說：

> 中國今日社會的崩潰，完全由於大家喪失了舊的信仰，而沒有新的信仰來替代的原故。祖宗不尊敬了，尊敬什麼？宗族不親睦了，親睦什麼？英雄不崇拜了，崇拜什麼？婦女解放了，男女之間，是否仍然要遵守相當的規律？天堂地獄都是假的，人生什麼是真的？[100]

從其具體的舉例看，丁文江心目中「信仰」所關涉的問題，大致即是任福黎想要通過復興「禮教」來解決的問題。蓋「禮教」不僅僅是「信仰」，它還維繫著民間的生活秩序。這一功能往往通過地方的士紳來實現，而公產正是一切公益的基礎。不僅如此，大量社會資源的存在，對於國家機器的運作，也是隱而不顯卻必不可少的保障。如前引杜亞泉所警告的，「國家」對「社會」本有所依賴，若「政府強大」成為努力的目標，「干涉甚則礙社會之發展，擔負重則竭社會之活力。社會衰，而政府隨之」。

據前引羅振玉大約同時的觀察，國進民退式的搜刮，與「倫紀頹廢」有著直接的關聯。在打倒「孔家店」之後，新文化人並非沒有提

99　《政治會議議員任福黎提規覆文廟建議案》，原案錄在《政治會議議長李經義為規覆文廟祀孔呈》（1914年2月11日），《中華民國檔案資料彙編‧第3輯‧文化》，南京：江蘇古籍出版社，1991年，7-8頁。

100　丁文江：《中國政治的出路》，《獨立評論》第11號（1932年7月31日），5頁。

倡各種新的信仰，這些信仰也未必無人趨奉，卻不能解決原來由「孔家店」處理的問題。這裡原因甚多，其中之一即傳統的中國式公領域已被破壞並淡出，國家不得不承擔一切責任，卻又沒有一個足以讓民眾達成共信的政府。

傅斯年那時也注意到：「今日中國的社會，是個最大的矛盾集團。」其具體表徵，即「國家無所謂『國是』，民眾無所謂『共信』，人人不知向那裡去」。[101] 十多年前梁啟超主張放棄國家而望諸社會和個人時，顯然期望不論國家能否有「國是」，民眾還可以有「共信」。他的言語之中，仍隱約透出小政府大民間的慣性思維。但他或許沒想到，隨著一波波的國進民退，「民間」已非復往昔，社會也已失去重心；[102] 只剩下一盤散沙式的眾多「個人」，[103] 面對肩負著空前責任而不知所措的「國家」。

儘管從晚清起「民」的重要性就被提到前所未有的高度，士紳淡出後的「民間」仍未擺脫退縮的頹勢。民初對「個人」的強調，雖直指「人類」而否定一切的中間物（包括過去最看重的「家」和近代興起的「國」），[104] 實仍更多蠶食了式微中的公領域，反促使國家進入生活層面的私領域（政府主導的「新生活運動」，就是一個顯著的表徵）。此後的國難，使「國家」的重要性和作用都進一步凸顯。在國

---

101 傅斯年：《教育崩潰之原因》，《獨立評論》第9號（1932年7月17日），5-6頁。

102 參見羅志田：《失去重心的近代中國：清末民初思想權勢與社會權勢的轉移及其互動關係》，《清華漢學研究》第2輯（1997年11月）。

103 傅斯年在「五四」時便觀察到，由於「社會的舊組織死了，所以沒有維繫與發展社會的中心能力，所以社會上有個散而且滯的共同現象」。傅斯年：《時代與曙光與危機》（約1919），臺北中研院史語所藏傅斯年檔案。

104 最具象徵性的表述，就是傅斯年提出的：「我只承認大的方面有人類，小的方面有『我』，是真實的。『我』和人類中間的一切階級，若家族、地方、國家等等，都是偶像。」傅斯年：《新潮之回顧與前瞻》（1919年9月5日），《新潮》，2卷1號（1919年10月），上海：上海書店，1986年影印，205頁。

家努力動員民眾的同時，民間的衰退仍在延續。

對於三〇年代日本大舉侵華前的中國，從羅振玉到丁文江再到傅斯年這些政治立場很不一樣的人，儘管對前行的方向存在歧異，卻都看到了社會的崩潰。不過，與前引杜亞泉所見「國家」對「社會」的依賴不同，曾經贊同「以社會的培養促進政治」的傅斯年，如今對於社會的崩潰，卻和其他一些人同樣感到需要一個強力「政府」來解決問題。[105] 他們甚至認為，「政府果然是有力量的，並且是正大光明的，就是專制一點也無妨」。[106]

在大約同時的「民主與獨裁之爭」辯論中，不少被後人納入「自由主義知識分子」的讀書人，都曾明確站在「獨裁」一邊（詳另文）。其間雖有抵抗日本侵略的考慮，多少也說明不少接受了現代國家觀念的趨新讀書人，雖對「民退」心懷焦慮，又在相當程度上接受著「國進」的正當性。很多年後，一些或許分享著「國進民退」思路的研究者，在同一時段的戰亂頻仍中還發現了所謂的「黃金十年」。[107]

這樣看來，近代中國為退虜送窮而凸顯的富強目標，連帶產生了一系列本是權宜之計的思路和舉措，後來在有意無意之間一步步制度化，成為一種常態，使得下馬治天下之時，仍延續著馬上打天下的思緒。錢穆所謂「政府來革社會的命」，是一種特異的表現；還有不少實為近代出現的新興現象，漸被固化為思維定式，反使後人產生「習

---

105 參見傅斯年：《中國現在要有政府》，《獨立評論》第5號（1932年6月19日），6頁。

106 濤鳴（吳憲）：《定縣見聞雜錄》，《獨立評論》第4號（1932年6月12日），17頁。此承北京大學歷史學系梁心同學提示。

107 所謂的「黃金十年」，是很長時間裡學界中相當一些人對抗戰前十年的描述。一項早期的研究，參見Arthur N. Young, *China's Nation-Building Effort, 1927-1937*, Stanford: Stanford University Press, 1971.

見」的感覺。[108] 這一波波的「國進民退」，究竟造成了什麼樣的影響？產生了什麼問題？又遮蔽了哪些問題？或許還需要更進一步的探索。

---

108 例如，前引趙爾巽試圖革除的紳首包攬釐稅，便是歷時不長的新事物，以前的正紳是不允許也不屑於涉足稅收一類事務的。而今日所謂「地方菁英」參與類似事務，往往被視為國家涉入地方的表徵。

近現代中華文化思想叢刊 A0102014

權勢轉移：近代中國的思想與社會（修訂版） 下冊

作　　者　羅志田	
版權策畫　李　鋒	
責任編輯　楊家瑜	

發 行 人　林慶彰

總 經 理　梁錦興

總 編 輯　張晏瑞

編 輯 所　萬卷樓圖書股份有限公司

臺北市羅斯福路二段 41 號 6 樓之 3

電話 (02)23216565

傳真 (02)23218698

出　　版　昌明文化有限公司

桃園市龜山區中原街 32 號

電話 (02)23216565

發　　行　萬卷樓圖書股份有限公司

臺北市羅斯福路二段 41 號 6 樓之 3

電話 (02)23216565

傳真 (02)23218698

電郵 SERVICE@WANJUAN.COM.TW

ISBN 978-986-496-114-6

2018 年 1 月初版

2020 年 5 月初版二刷

定價：新臺幣 280 元

如何購買本書：

1. 劃撥購書，請透過以下郵政劃撥帳號：

帳號：15624015

戶名：萬卷樓圖書股份有限公司

2. 轉帳購書，請透過以下帳戶

合作金庫銀行　古亭分行

戶名：萬卷樓圖書股份有限公司

帳號：0877717092596

3. 網路購書，請透過萬卷樓網站

網址 WWW.WANJUAN.COM.TW

大量購書，請直接聯繫我們，將有專人為您
服務。客服：(02)23216565 分機 610

如有缺頁、破損或裝訂錯誤，請寄回更換

國家圖書館出版品預行編目資料

權勢轉移：近代中國的思想與社會 / 羅志田
著.-- 初版.-- 桃園市：昌明文化出版；臺北
市：萬卷樓發行, 2018.01

冊；　公分.-- (中華文化思想叢書)

ISBN 978-986-496-114-6(下冊：平裝)

1.思想史　2.近代史　3.史學評論　4.中國

112.7　　　　　　　　　　　107001279

本著作物經廈門墨客知識產權代理有限公司代理，由北京師範大學出版社（集團）有
限公司授權萬卷樓圖書股份有限公司出版、發行中文繁體字版版權。